心一堂術數古籍珍本叢刊

書名：觀察術
系列：心一堂術數古籍珍本叢刊　第二輯　相術類　154
作者：【民國】吳貴長
主編、責任編輯：陳劍聰
心一堂術數古籍珍本叢刊編校小組：陳劍聰　素聞　鄒偉才　虛白盧主

出版：心一堂有限公司
通訊地址：香港九龍旺角彌敦道六一〇號荷李活商業中心十八樓〇五—〇六室
深港讀者服務中心：中國深圳市羅湖區立新路六號羅湖商業大厦負一層〇〇八室
電話號碼：(852)67150840
網址：publish.sunyata.cc
電郵：sunyatabook@gmail.com
網店：http://book.sunyata.cc
淘寶店地址：https://shop210782774.taobao.com
微店地址：https://weidian.com/s/1212826297
臉書：https://www.facebook.com/sunyatabook
讀者論壇：http://bbs.sunyata.cc/

版次：二零一九年二月初版
平裝

定價：港幣　一百二十八元正
　　　新台幣　四百九十八元正

國際書號：ISBN 978-988-8582-45-7

香港發行：香港聯合書刊物流有限公司
地址：香港新界大埔汀麗路36號中華商務印刷大厦3樓
電話號碼：(852)2150-2100
傳真號碼：(852)2407-3062
電郵：info@suplogistics.com.hk

台灣發行：秀威資訊科技股份有限公司
地址：台灣台北市內湖區瑞光路七十六巷六十五號一樓
電話號碼：+886-2-2796-3638
傳真號碼：+886-2-2796-1377
網絡書店：www.bodbooks.com.tw
台灣秀威書店讀者服務中心：
地址：台灣台北市中山區松江路二〇九號一樓
電話號碼：+886-2-2518-0207
傳真號碼：+886-2-2518-0778
網絡書店：http://www.govbooks.com.tw

中國大陸發行　零售：深圳心一堂文化傳播有限公司
深圳地址：深圳市羅湖區立新路六號羅湖商業大厦負一層〇〇八室
電話號碼：(86)0755-82224934

心一堂微店二維碼

心一堂淘寶店二維碼

心一堂術數古籍 珍本叢刊 整理 總序

術數定義

術數，大概可謂以「推算（推演）、預測人（個人、群體、國家等）、事、物、自然現象、時間、空間方位等規律及氣數，並或通過種種『方術』，從而達致趨吉避凶或某種特定目的」之知識體系和方法。

術數類別

我國術數的內容類別，歷代不盡相同，例如《漢書・藝文志》中載，漢代術數有六類：天文、曆譜、五行、蓍龜、雜占、形法。至清代《四庫全書》，術數類則有：數學、占候、相宅相墓、占卜、命書、相書、陰陽五行、雜技術等，其他如《後漢書・方術部》、《藝文類聚・方術部》、《太平御覽・方術部》等，對於術數的分類，皆有差異。古代多把天文、曆譜、及部分數學均歸入術數類，而民間流行亦視傳統醫學作為術數的一環；此外，有些術數與宗教中的方術亦往往難以分開。現代民間則常將各種術數歸納為五大類別：命、卜、相、醫、山，通稱「五術」。

本叢刊在《四庫全書》的分類基礎上，將術數分為九大類別：占筮、星命、相術、堪輿、選擇、三式、讖諱、理數（陰陽五行）、雜術（其他）。而未收天文、曆譜、算術、宗教方術、醫學。

術數思想與發展——從術到學，乃至合道

我國術數是由上古的占星、卜筮、形法等術發展下來的。其中卜筮之術，是歷經夏商周三代而通過「龜卜、蓍筮」得出卜（筮）辭的一種預測（吉凶成敗）術，之後歸納並結集成書，此即現傳之《易

經》。經過春秋戰國至秦漢之際，受到當時諸子百家的影響、儒家的推崇，遂有《易傳》等的出現，原本是卜筮術書的《易經》，被提升及解讀成有包涵「天地之道（理）」之學。因此，《易・繫辭傳》曰：「易與天地準，故能彌綸天地之道。」

漢代以後，易學中的陰陽學說，與五行、九宮、干支、氣運、災變、律曆、卦氣、讖緯、天人感應說等相結合，形成易學中象數系統。而其他原與《易經》本來沒有關係的術數，如占星、形法、選擇，亦漸漸以易理（象數學說）為依歸。《四庫全書・易類小序》云：「術數之興，多在秦漢以後。要其旨，不出乎陰陽五行，生尅制化。實皆《易》之支派，傳以雜說耳。」至此，術數可謂已由「術」發展成「學」。

及至宋代，術數理論與理學中的河圖洛書、太極圖、邵雍先天之學及皇極經世等學說給合，通過術數以演繹理學中「天地中有一太極，萬物中各有一太極」（《朱子語類》）的思想。術數理論不單已發展至十分成熟，而且也從其學理中衍生一些新的方法或理論，如《梅花易數》、《河洛理數》等。

在傳統上，術數功能往往不止於僅僅作為趨吉避凶的方術，及「能彌綸天地之道」的學問，亦有其「修心養性」的功能，「與道合一」（修道）的內涵。《素問・上古天真論》：「上古之人，其知道者，法於陰陽，和於術數。」數之意義，不單是外在的算數、歷數、氣數，而是與理學中同等的「道」、「理」--心性的功能，北宋理氣家邵雍對此多有發揮：「聖人之心，是亦數也」、「萬化萬事生乎心」、「心為太極」。《觀物外篇》：「先天之學，心法也。……蓋天地萬物之理，盡在其中矣，心一而不分，則能應萬物。」反過來說，宋代的術數理論，受到當時理學、佛道及宋易影響，認為心性本質上是等同天地之太極。天地萬物氣數規律，能通過內觀自心而有所感知，即是內心也已具備有術數的推演及預測、感知能力；相傳是邵雍所創之《梅花易數》，便是在這樣的背景下誕生。

《易・文言傳》已有「積善之家，必有餘慶；積不善之家，必有餘殃」之說，至漢代流行的災變說及讖緯說，我國數千年來都認為天災，異常天象（自然現象），皆與一國或一地的施政者失德有關；下至家族、個人之盛衰，也都與一族一人之德行修養有關。因此，我國術數中除了吉凶盛衰理數之外，人心的德行修養，也是趨吉避凶的一個關鍵因素。

術數與宗教、修道

在這種思想之下，我國術數不單只是附屬於巫術或宗教行為的方術，又往往是一種宗教的修煉手段--通過術數，以知陰陽，乃至合陰陽（道）。「其知道者，法於陰陽，和於術數。」例如，「奇門遁甲」術中，即分為「術奇門」與「法奇門」兩大類。「法奇門」中有大量道教中符籙、手印、存想、內煉的內容，是道教內丹外法的一種重要外法修煉體系。甚至在雷法一系的修煉上，亦大量應用了術數內容。此外，相術、堪輿術中也有修煉望氣（氣的形狀、顏色）的方法；堪輿家除了選擇陰陽宅之吉凶外，也有道教中選擇適合修道環境（法、財、侶、地中的地）的方法，以至通過堪輿術觀察天地山川陰陽之氣，亦成為領悟陰陽金丹大道的一途。

易學體系以外的術數與的少數民族的術數

我國術數中，也有不用或不全用易理作為其理論依據的，如揚雄的《太玄》、司馬光的《潛虛》。也有一些占卜法、雜術不屬於《易經》系統，不過對後世影響較少而已。

外來宗教及少數民族中也有不少雖受漢文化影響（如陰陽、五行、二十八宿等學說。）但仍自成系統的術數，如古代的西夏、突厥、吐魯番等占卜及星占術，藏族中有多種藏傳佛教占卜術、苯教占卜術、擇吉術、推命術、相術等；北方少數民族有薩滿教占卜術；不少少數民族如水族、白族、布朗族、佤族、彝族、苗族等，皆有占雞（卦）草卜、雞蛋卜等術，納西族的占星術、占卜術，彝族畢摩的推命術、占卜術……等等，都是屬於《易經》體系以外的術數。相對上，外國傳入的術數以及其理論，對我國術數影響更大。

曆法、推步術與外來術數的影響

我國的術數與曆法的關係非常緊密。早期的術數中，很多是利用星宿或星宿組合的位置（如某星在某州或某宮某度）付予某種吉凶意義，并據之以推演，例如歲星（木星）、月將（某月太陽所躔之宮次）等。不過，由於不同的古代曆法推步的誤差及歲差的問題，若干年後，其術數所用之星辰的位置，已與真實星辰的位置不一樣了；此如歲星（木星），早期的曆法及術數以十二年為一周期（以應地支），與木星真實周期十一點八六年，每幾十年便錯一宮。後來術家又設一「太歲」的假想星體來解決，是歲星運行的相反，週期亦剛好是十二年。而術數中的神煞，很多即是根據太歲的位置而定。又如六壬術中的「月將」，原是立春節氣後太陽躔娵訾之次而稱作「登明亥將」，至宋代，因歲差的關係，要到雨水節氣後太陽才躔娵訾之次，當時沈括提出了修正，但明清時六壬術中「月將」仍然沿用宋代沈括修正的起法沒有再修正。

由於以真實星象周期的推步術是非常繁複，而且古代星象推步術本身亦有不少誤差，大多數術數除依曆書保留了太陽（節氣）、太陰（月相）的簡單宮次計算外，漸漸形成根據干支、日月等的各自起例，以起出其他具有不同含義的眾多假想星象及神煞系統。唐宋以後，我國絕大部分術數都主要沿用這一系統，也出現了不少完全脫離真實星象的術數，如《子平術》、《紫微斗數》、《鐵版神數》等。後來就連一些利用真實星辰位置的術數，如《七政四餘術》及選擇法中的《天星選擇》，也已與假想星象及神煞混合而使用了。

隨着古代外國曆（推步）、術數的傳入，如唐代傳入的印度曆法及術數，元代傳入的回回曆等，其中我國占星術便吸收了印度占星術中羅睺星、計都星等而形成四餘星，又通過阿拉伯占星術而吸收了其中來自希臘、巴比倫占星術的黃道十二宮、四大（四元素）學說（地、水、火、風），並與我國傳統的二十八宿、五行說、神煞系統並存而形成《七政四餘術》。此外，一些術數中的北斗星名，不用我國傳統的星名：天樞、天璇、天璣、天權、玉衡、開陽、搖光，而是使用來自印度梵文所譯的：貪狼、巨門、祿存、文曲，廉貞、武曲、破軍等，此明顯是受到唐代從印度傳入的曆法及占星術所影響。如星命術中的《紫微斗數》及堪輿術中的《撼龍經》等文獻中，其星皆用印度譯名。及至清初《時憲曆》，置閏之法則改用西法「定氣」。清代以後的術數，又作過不少的調整。

此外，我國相術中的面相術、手相術，唐宋之際受印度相術影響頗大，至民國初年，又通過翻譯歐西、日本的相術書籍而大量吸收歐西相術的內容，形成了現代我國坊間流行的新式相術。

陰陽學——術數在古代、官方管理及外國的影響

術數在古代社會中一直扮演着一個非常重要的角色，影響層面不單只是某一階層、某一職業、某一年齡的人，而是上自帝王，下至普通百姓，從出生到死亡，不論是生活上的小事如洗髮、出行等，大事如建房、入伙、出兵等，從個人、家族以至國家，從天文、氣象、地理到人事、軍事，從民俗、學術到宗教，都離不開術數的應用。我國最晚在唐代開始，已把以上術數之學，稱作陰陽（學），行術數者稱陰陽人。（敦煌文書、斯四三二七唐《師師漫語話》：「以下說陰陽人謾語話」，此說法後來傳入日本，今日本人稱行術數者為「陰陽師」）。一直到了清末，欽天監中負責陰陽術數的官員中，以及民間術數之士，仍名陰陽生。

古代政府的中欽天監（司天監），除了負責天文、曆法、輿地之外，亦精通其他如星占、選擇、堪輿等術數，除在皇室人員及朝庭中應用外，也定期頒行日書、修定術數，使民間對於天文、日曆用事吉凶及使用其他術數時，有所依從。

我國古代政府對官方及民間陰陽學及陰陽官員，從其內容、人員的選拔、培訓、認證、考核、律法監管等，都有制度。至明清兩代，其制度更為完善、嚴格。

宋代官學之中，課程中已有陰陽學及其考試的內容。（宋徽宗崇寧三年〔一一零四年〕崇寧算學令：「諸學生習……並曆算、三式、天文書。」「諸試……三式即射覆及預占三日陰陽風雨。天文即預

定一月或一季分野災祥，並以依經備草合問為通。」

金代司天臺，從民間「草澤人」（即民間習術數人士）考試選拔：「其試之制，以《宣明曆》試推步，及《婚書》、《地理新書》試合婚、安葬，並《易》筮法，六壬課、三命、五星之術。」（《金史》卷五十一・志第三十二・選舉一）

元代為進一步加強官方陰陽學對民間的影響、管理、控制及培育，除沿襲宋代、金代在司天監掌管陰陽學及中央的官學陰陽學課程之外，更在地方上增設陰陽學課程（《元史・選舉志一》：「世祖至元二十八年夏六月始置諸路陰陽學。」）地方上也設陰陽學教授員，培育及管轄地方陰陽人。（《元史・選舉志一》：「（元仁宗）延祐初，令陰陽人依儒醫例，於路、府、州設教授員，凡陰陽人皆管轄之，而上屬於太史焉。」）自此，民間的陰陽術士（陰陽人），被納入官方的管轄之下。

至明清兩代，陰陽學制度更為完善。中央欽天監掌管陰陽學，明代地方縣設陰陽學正術，各州設陰陽學典術，各縣設陰陽學訓術。陰陽人從地方陰陽學肄業或被選拔出來後，再送到欽天監考試。（《大明會典》卷二二三：「凡天下府州縣舉到陰陽人堪任正術等官者，俱從吏部送（欽天監），考中，送回選用；不中者發回原籍為民，原保官吏治罪。」）清代大致沿用明制，凡陰陽術數之流，悉歸中央欽天監及地方陰陽官員管理、培訓、認證。至今尚有「紹興府陰陽印」、「東光縣陰陽學記」等明代銅印，及某某縣某某之清代陰陽執照等傳世。

清代欽天監漏刻科對官員要求甚為嚴格。《大清會典》「國子監」規定：「凡算學之教，設肄業生。滿洲十有二人，蒙古、漢軍各六人，於各旗官學內考取。漢十有二人，於舉人、貢監生童內考取。附學生二十四人，由欽天監選送。教以天文演算法諸書，五年學業有成，舉人引見以欽天監博士用，貢監生童以天文生補用。」學生在官學肄業、貢監生肄業或考得舉人後，經過了五年對天文、算法、陰陽學的學習，其中精通陰陽術數者，會送往漏刻科。而在欽天監供職的官員，《大清會典則例》「欽天監」規定：「本監官生三年考核一次，術業精通者，保題升用。不及者，停其升轉，再加學習。如能黽勉供職，即予開復。仍不及者，降職一等，再令學習三年，能習熟者，准予開復，仍不能者，黜退。」除定期考核以定其升用降職外，《大清律例》中對陰陽術士不準確的推斷（妄言禍福）是要治罪的。《大清律例・一七八・術七・妄言禍福》：「凡陰陽術士，不許於大小文武官員之家妄言禍福，違者杖一百。其依經推算星命卜課，不在禁限。」大小文武官員延請的陰陽術士，自然是以欽天監漏刻科官員或地方陰陽官員為主。

官方陰陽學制度也影響鄰國如朝鮮、日本、越南等地，一直到了民國時期，鄰國仍然沿用着我國的多種術數。而我國的漢族術數，在古代甚至影響遍及西夏、突厥、吐蕃、阿拉伯、印度、東南亞諸國。

術數研究

術數在我國古代社會雖然影響深遠，「是傳統中國理念中的一門科學，從傳統的陰陽、五行、九宮、八卦、河圖、洛書等觀念作大自然的研究。……傳統中國的天文學、數學、煉丹術等，要到上世紀中葉始受世界學者肯定。可是，術數還未受到應得的注意。術數在傳統中國科技史、思想史，文化史、社會史，甚至軍事史都有一定的影響。……更進一步了解術數，我們將更能了解中國歷史的全貌。」（何丙郁《術數、天文與醫學中國科技史的新視野》，香港城市大學中國文化中心。）

可是術數至今一直不受正統學界所重視，加上術家藏秘自珍，又揚言天機不可洩漏，「（術數）乃吾國科學與哲學融貫而成一種學說，數千年來傳衍嬗變，或隱或現，全賴一二有心人為之繼續維繫，賴以不絕，其中確有學術上研究之價值，非徒癡人說夢，荒誕不經之謂也。其所以至今不能在科學中成立一種地位者，實有數因。蓋古代士大夫階級目醫卜星相為九流之學，多恥道之；而發明諸大師又故為惝恍迷離之辭，以待後人探索；間有一二賢者有所發明，亦秘莫如深，既恐洩天地之秘，復恐譏為旁門左道，始終不肯公開研究，成立一有系統說明之書籍，貽之後世。故居今日而欲研究此種學術，實一極困難之事。」（民國徐樂吾《子平真詮評註》，方重審序）

現存的術數古籍，除極少數是唐、宋、元的版本外，絕大多數是明、清兩代的版本。其內容也主要是明、清兩代流行的術數，唐宋或以前的術數及其書籍，大部分均已失傳，只能從史料記載、出土文獻、敦煌遺書中稍窺一鱗半爪。

術數版本

坊間術數古籍版本，大多是晚清書坊之翻刻本及民國書賈之重排本，其中豕亥魚魯，或任意增刪，往往文意全非，以至不能卒讀。現今不論是術數愛好者，還是民俗、史學、社會、文化、版本等學術研究者，要想得一常見術數書籍的善本、原版，已經非常困難，更遑論如稿本、鈔本、孤本等珍稀版本。在文獻不足及缺乏善本的情況下，要想對術數的源流、理法、及其影響，作全面深入的研究，幾不可能。

有見及此，本叢刊編校小組經多年努力及多方協助，在海內外搜羅了二十世紀六十年代以前漢文為主的術數類善本、珍本、鈔本、孤本、稿本、批校本等數百種，精選出其中最佳版本，分別輯入兩個系列：

一、心一堂術數古籍珍本叢刊

二、心一堂術數古籍整理叢刊

前者以最新數碼（數位）技術清理、修復珍本原本的版面，更正明顯的錯訛，部分善本更以原色彩色精印，務求更勝原本。并以每百多種珍本、一百二十冊為一輯，分輯出版，以饗讀者。

後者延請、稿約有關專家、學者，以善本、珍本等作底本，參以其他版本，古籍進行審定、校勘、注釋，務求打造一最善版本，方便現代人閱讀、理解、研究等之用。

限於編校小組的水平，版本選擇及考證、文字修正、提要內容等方面，恐有疏漏及舛誤之處，懇請方家不吝指正。

心一堂術數古籍珍本叢刊編校小組
心一堂術數古籍整理叢刊編校小組

二零零九年七月序

二零一四年九月第三次修訂

觀察術目次

觀察術

第一章 概論

所謂觀察術者，乃在人與人間於其覿面之時，從其面貌、言語、形態、行爲、以觀察對方之人，是否賢愚善惡，忠奸誠詐者也。惟此術之施用，貴在精確，固不可以玄秘之相術，遽加論斷；亦不可以一時之言行，驟定其終身。必也，綜合其心理作用，生理關係，病理所在，及其他自然界之影響，社會環境之習染，諸方面加以歸納，而推斷之，則其所得結論，雖不能認爲百無一失，亦決不致有以貌取人，失之子羽之誤。至於有非常事業之人，具有非常之形相，亦爲吾人研究斯術者，不可忽略之一端。

試觀古人之大聖大賢，與夫巨奸極惡之輩，其事蹟非彪炳千秋，卽遺臭萬世。在事功上，固不可相提並論，惟在形貌上，則各具特異之徵，洵堪足信。如堯眉八彩，舜目重瞳，周公反握，禹耳三漏，孔子之頂若圩，漢高之胸似斗。獐頭鼠目，爲奸詐之象徵，鷹準濃眉，爲兇殘之異相，是皆歷歷可考者也。不過；貌兇殘而心地純厚；貌雄偉，而碌碌無能者，亦未嘗無之。前者如哲學家蘇格拉底，後者如唐尚書李緯，若謂設無其他特徵，加以尅制或輔佐，其不流爲罪囚或窮困潦倒者，幾希！其他貌莊嚴而品操輕浮，貌秀美而忠貞自矢者，歷史上又不知凡幾。再如古尚書頭似筆鋒，桑宰相面長一尺，其品貌不揚，而胸藏大志者，尤爲吾人不能以貌取人之又一明證。若謂從其言語行動上以觀察之，似較正確，仍不免近於偏執。蓋人爲萬物之靈，其內心之所欲，與其行爲之所表現，決難如出一轍。欲求誠於中，形於外者，徵諸當世，則鮮矣。余故曰，必須綜合生理、心理、病理等諸方面，而論斷之，是乃正確。

吾國觀人之術稽諸經籍，始於文王官人篇，以及太公選將篇，其後管子、孔子、孟子、諸葛武侯、與夫近代曾文正公，莫不以其觀人得法，而達到知人善任之旨。其他觀面相以定吉兇，察氣色以決貴賤，或著專書，或爲斷章取義，則不勝枚舉。惜乎，理論近於抽象，技術偏重虛玄，視爲參證，則無不可，奉爲圭臬，似嫌不足。茲先以大戴禮記文王官人篇以及太公選將篇所云例之。官人篇云「……倫有七屬，屬有九用，用有六徵，一曰觀誠，二曰考志，三曰視中，四曰觀色，五曰觀隱，六曰揆德」，此六徵者，即取謂觀人於徵也，亦卽所謂視人之中觀人之隱，以判斷其人之誠僞，至太公選將篇所云：「夫士外貌而中情不相應者十五：有賢而不肖者，有溫良而爲盜者，有貌恭而心慢者，有外廉而內無恭敬者，有精精而無情者，有湛湛而無誠者，有好謀而無決者，有如果敢而不能者，有悾悾而不信者，有怳怳惚惚而反忠實者，有詭激而有功效者，有外勇而內怯者，有肅肅而反易人者，有嗃嗃而反靜愨者，有勢虛形劣而出外無所不至無所不遂者。天下所賤，聖人所貴。……」諸語，亦將外貌與中情不相應之人，歷歷舉出，不過具體而微未能詳盡，故其後又有「，……必見其陽，又見其陰，乃知其心。必見其外，又見其內，乃知其意。必見其疏，又見其親，乃知其情。」乃將觀察之法，約略述明，惟於如何察見之道，仍未提及，似嫌抽象。至於太公之知人八徵，則誠爲精確之論，其言曰：

「問之以言，以觀其詳。

窮之以辭，以觀其變。

與之間諜，以觀其誠。

明白顯問，以觀其德。

使之以財，以觀其廉。

試之以色，以觀其貞。

告之以難，以觀其勇。

醉之以酒，以觀其態。

八徵皆備則賢不肖別矣」聊聊數語，詞簡意深。後世諸葛武侯之用人，即本此義以知人任事，不過將其詞句，略有更易而已，其詞曰：

問之以是非而觀其志

窮之以辭辯而觀其變

咨之以計謀而觀其識

告之以禍難而觀其勇

醉之以酒而觀其性

臨之以利而觀其廉

因是諸葛武侯之用人，鮮有不當者，至於莊周之九觀，李克之五視，鶡冠子之四見十知，呂不韋之八觀六驗，雖與太公知人八徵有類似之點，但亦各有精闢之論，未可一例視之。

昔孔子周遊列國，見聞極廣，其於觀人一項，更有獨到見解。且舉其經驗所得，明告後世，使吾人在入世之初；與夫涉世已久，對於觀人之法，應具兩付眼光，其言曰：

「始吾於人也，聽其言而信其行；今吾於人也，聽其言而觀其行。」

是則彼時人心尚詐，已於此數語中約略見之矣，又曰：

「視其所以，觀其所由，察其所安。」

此則昭示吾人：第一、應詳考其歷史背景與經驗，不可純為現在環境所蒙蔽；其次，須注意其工作、行動、環境、與其接近之人物；再次，考查其日常生活及癖性；最後便可一望而知其人之個性、思想、品操、技能與特長。至於大學所云：

「小人閒居為不善，見君子而後厭然，揜其不善，而著其善，人之視己，如見其肺肝然。」

尤足證明為惡者，一遇明察秋毫之君子，終難揜其惡，猶諸燃犀燭怪，無可遁形矣。

孟子觀人之法則含有心理作用，比較更進一層，所謂：

「存乎人者莫良於眸子，眸子不能掩其惡，胸中正，則眸子瞭焉，胸中不正，則眸子眊焉。聽其言也，觀其眸子，人焉廋哉！人焉廋哉！」

是則其人是否正心誠意，可於眸子中體察而出。雖有口蜜腹劍巧言令色之徒，亦無所施其技矣。但用人者，固應擇優而錄，俾可知人善任；而士之求人賞識者，亦莫能外此。所謂良禽擇木而棲，謀臣擇主而仕。昔范蠡知勾踐祇可與共患難，不可與共安樂，遂於滅吳之後，而泛遊五湖。韓信知項羽不能知人善任，遂轉投漢高，漢高祖得之，遂統一天下。昔淳于髡博聞強記，且於應對，獨造精微，其於承意觀色之工夫，尤稱古今獨步。即以髡進見梁惠王一段故事而言，則知髡之觀人之術，別具獨到眼光，姑錄之以供參考：

髡曾先後兩見梁惠王，王雖屏退左右，以示密談之狀，然心實他注，似未計及此者。髡於觀察之下，緘口不發一言，王怪而責諸薦介者曰：「譽之讚絕髡非管晏所及之才。不然，則余已在髡之眼中，爲一不足與言之人。」薦介者，具以告髡，髡曰：「固也，吾前見王，王志在馳逐，後見王，王志在聲音，吾是以默然。」惠王聞知大駭，而不覺嘆服，其爲聖人。再據惠王自述，亦以爲彼初次見髡時，適有獻馬者未及視；二次見髡時，又適有獻謳者，未及視；故形式上雖屏左右以待之。而私心則實在馳與謳耳！其後雖與惠王作三日之長談，終不願應惠王之請，而登卿相之位，乃辭謝而行，蓋髡以爲惠王非誠心禮賢下士者，故絕袂而去之。

良賈深藏若虛，大智虛懷若愚，良賈之深藏，非不售焉。大智之虛懷若愚，非安愚焉。惜無善價以沽之，姑蘊櫝以藏諸耳！無慧眼以識之，姑隱晦以免禍耳！惟悼大志而不遇者，其內心戚戚，必將鬱鬱以沒死。否則，亦必放浪形骸，狂縱無忌，以爲天下之大，不能容其一粟之身，李太白徐文長之流，非其才之不足用，實無人能駕馭能賞識此驊騮駿馬耳！是故觀察術一科，不僅爲吾人知人善任之要訣，亦可視爲擇賢任事之寶籙。至於察奸警宄，杜漸防微，亦非此無以見事功。尤有進者，吾人爲社會之一員，不能脫離社會而獨立，自應具有社交本能，而後方能適應社會環境。惟社交的範疇，已隨物質文明日益繁賾，吾人爲生存競爭計，人與人間遂不得不以權術相較，機謀相衡，以解決其生活慾望；而廬山眞面目，乃爲名利濃雲所蒙蔽，另以幻化之假面具周旋於社會之間。嗚呼！處斯溷濁社會，社交之對象，能不慎重選擇，詳加體察耶！因是，觀察術之效用，亦爲吾人待人接物之南針。昔　總裁曾於中央警官學校第九期學生畢業之時昭示於吾人曰：「舉世之人以惡愚貧病四種人，爲社會上最易犯罪者。從積極方面言，必使惡者不惡，愚者不愚，貧者不貧，病者不病；從消極方面言，最低限度應先事觀察，嚴爲防範，使此四者，無由作奸犯科，漸而解決其癥結所在。」夫如此，禮運之大同，不難期其實現。由此觀之，觀察術之價値，又因而增高倍蓰矣。

第一節 觀察術與心理學

吾人研究觀察術，是乃從其外表顯著之事實，而推斷其內隱心理作用者也。惟研究心理學說範圍至廣，似不必過事蒐求。本節所云，僅以有關觀察術之範圍，加以探討，餘則從略。今先言人之本相：在兒童時期，一切心理關係，均以自我為幅射點，所謂客觀的關係，不能離我而成立，蓋因凡為其所相信者，不需證明，即認之為眞實，故其本相完全畢露於外，但因年齡漸長，人事漸繁，為事實所逼迫，環境所習染，使其不得不放棄個人的觀點，而漸次俯就他人，於是個人的本相，亦隨之有所顯隱，茲將本相顯隱之範式，先行分別述明於下：

一、本相完全外向者（美國李拉克福女士稱為陽性者）

二、本相有時外向有時內隱者（陰陽混合性者）

三、本相完全內隱者（陰性者）

本相完全向外之人，有時雖欲強制內隱，惟一刹那間，仍舊露其本相，不能掩飾。此種完全外向之人，從其善良方面言，是乃天眞爛漫，坦白無私，從其惡劣方面言，則為魯莽滅裂，輕喜易怒，孔子所謂暴虎憑河，死而無悔者，卽此類也。此種範式之人，於吾人觀察術上，極易判別。蓋可以由其語言行爲間，而加以斷定。茲以項羽與漢高祖例之，項羽一生倔強，跋扈飛揚，不能忍人，不能容物，而且自信極深，卽到水盡山窮，仍一意孤行，而不省悟，是乃本相完全外向之人。漢高祖則有時外向，有時內隱，外向時，則縱情放性，慷慨高歌；內隱時，雖遭遇慘痛，仍能沉默自若，所謂慷慨高歌者，是其詠大風歌之時也；所謂沉默自若者，是其父爲項羽所執而欲烹之之時也。是此輩有時外向，有時內隱之人，喜怒不形於色，誠詐不露於外，乘機觀變，待時而發，從其善良方面言，則爲大政治家之胸襟；從其惡劣方面言，則爲大奸巨滑之心理。周公恐懼流言日，王莽謙恭下士時，卽爲若輩本相內隱時之象徵。

至於本相完全內隱之人，則任人毀譽無動於中；忍辱含垢泰然自若，其感情爲理智所控制，寡言笑，喜陰沉，鮮交游，喜孤獨。良善者心思精密，惡劣者冷酷毒辣，從上述理論觀之：完全內向之人，眼界狹窄，無廣大智謀；完全外向之人，則多輕喜易怒，富於情感，少用理智，內心之所欲，常常表於外形，如田光論爵：「血勇之人，怒而面赤。」是種人物，極易觀察。時而外向，時而內向之人，其內心之所趨，則捉摸不定，所謂喜怒哀樂之未發，發而皆中節者是也。故其處事待人，大都深沉靜默，言笑不苟，且當其內隱之時，泰山崩於前，而色不變，麋鹿興於左，而目不瞬；當其外向之時，則縱情放性，為所欲為。是故謝安聞苻堅兵潰，而對弈如常；孔明悉街亭失守，而彈琴自若；曹孟德橫槊賦詩，狂態畢露，華容敗走，狂笑自若。昔田光所謂：「神勇之人，怒而色不變」。呂誨所謂：「大姦是忠，大詐似信。」陳希夷所謂：「怒時返笑，至老奸邪。」其本相有時外向有時內隱之人，或為大智，或為大奸，已可概見。吾人觀察此種人物，若非與之長期周旋，則殊難判定矣，尚有本相暫時內隱，而憑藉種種變相作用以掩飾己短，而希冀滿足是我爭勝之目的者，則有下列四種：

一、自衛反應　吾人既以將自我深藏，仍恐被人指摘，外表上更須加以巧妙的掩飾，以免被人識破，即如吾人在談話時，設詞鋒偶一涉及本身弱點，雖別人並未察覺，便急速移轉論題，以資遮蓋，惟有時欲蓋彌彰，反而語無倫次，弱點畢露。

二、文飾作用　譬如某學生游戲於某團體中，因技藝不良，遭受排斥，自應非常失望；但為掩飾其弱點計，則謂此種遊藝，太無意義，本人對此不感興趣，故決計退出，此一例也。至於學生考試，成績不佳，該學生不怨本身學力不足，反託詞教師故意為難，此又一例也。其他羨慕友人乘汽車，住洋房，自己望洋興嘆，則不云本身才智不足，反儘量暴露其友人昔時之弱點，以炫示其本身之達觀，假意傲慢，以圖掩飾者，尤爲常見。

三、補償作用　吾人在身體上或性格上，不幸而有缺陷，往往轉而向其相反之方向，過度發展。譬如學識粗淺之人，自己知其學識不及，不能與人角逐於名利之場，於是乃力求機智與權術之發展，以補償其缺陷。容貌醜陋之婦人，往往竭力修飾，裝腔作勢。性情孤僻之人，不以不善社交自省，反謂舉世之人，率爲不足與交者，於是愈趨極端，而形成怪物矣。

四、逃避現實　外界的條件，如對於自己不利，而自己又不敢或不能針對事實，向前排除困難，於是逃於幻想之中。譬如某兒童和同伴廝打失敗，遂乃獨自默坐瞑思，如何習得驚人本領，報復一切，征服一切，世之復仇之輩，大都逃避現實者也。

上述四類，如何觀察，容於分論中述之。惟此四類人物，其內心非爲不誠，即易犯罪，已昭然若揭矣。至於個性之強弱，與本相之顯隱，雖有連帶關係，要亦不可認爲絕對相關。蓋個性強者，其本相未必完全內向，亦未必完全外向，個性弱者，亦同。例如先　總理創造革命，屢仆屢起，百折不回，其事功有時以外向表現之，有時以內向表現之。我　總裁繼承總理之後，推翻軍閥，清除共匪；更復一面抗日，一面建國，在堅苦卓絕之中，慘淡經營，數十年如一日，而今勝利在望，建國可期。設其個性稍有脆弱，認識稍有不淸，曷克臻此。至其本相之顯隱，則非尋常人所可推測，當其本相內隱之時也，卷之則退藏於密；外向之時也，放之則彌六合，天賦奇才，曷可窺測。

惟試觀古今中外人士，凡能立事功建偉業者，大都個性極強，漢高祖屢戰皆北，一戰成功。文天祥至死不屈，正氣凜然。馬可尼屢遭失敗，終能發明驚人科學。李却爵維令蒲德雖折足傷踝，仍能完成飛航南北極之企圖。其他中外史乘上，類如此者，不勝枚舉。不過個性強者，如爲無意識之強；個性弱者，如爲隨波逐流之弱，則均爲不足與論之人。前者如夸父之追日，後者如蕩婦之從夫。不僅於終身事業無成，且易招犯罪之尤，是類人物，極爲危險。

昔晉代葛洪分析人類個性極爲詳密，其大體上雖僅以善惡分類，但其分析精微，較諸近代心理學家，所持之理論相似，玆錄之以供研究：

一、善類者

（1）稟高亮之純粹，抗峻標以邈俗，虛靈機以如愚，不二過以韶黷者，賢人也。

（2）端身命以徇國，經險難而一節者，忠人也。

(3)觀微理於難覺，料倚伏於將來者，明人也。

(4)量理亂以卷舒，審去就以保身者，智人也。

(5)順通塞而一情，任性命而不滯者，達人也。

(6)不枉尺以直尋，不降辱以苟命者，雅人也。

(7)據體度以動靜，每清祥而無悔者，重人也。

(8)體冰霜之粹素，不染於勢利者，清人也。

(9)篤始終於寒暑，雖存亡而不猜者，義人也。

(10)守一言於久要，歷歲衰而不渝者，信人也。

(11)識多藏之易亡，臨祿利而如遺者，廉人也。

(12)不改操於得失，不傾志於所欲者，貞人也。

(13)卹急難而忘勞，以憂人爲己任者，篤人也。

(14)潔皎白以守終，不遜避而苟免者，節人也。

(15)每居卑而推功，雖處泰而滋恭者，謙人也。

(16)臨凝結而能斷，摻繩墨而無私者，幹人也。

（17）蒙謗讟而晏如，不慴懼於可畏者，勁人也。

（18）闕榮譽而不歡，遭憂難而不變者，審人也。

（19）知事可而必行，不猶豫於羣疑者，果人也。

（20）循繩墨以進止，不乾沒於僥倖者，謹人也。

（21）履道素而無欲，任推移而不變者，朴人也。

二、惡類者

（1）懷邪僞以偷榮，豫利己而忘生者，逆人也。

（2）背仁義之正途，專危人以自安者，兇人也。

（3）好爭奪而無厭，專醜正而害直者，惡人也。

（4）出繩墨以傷刻，心好殺而安忍者，虐人也。

（5）飾邪說以浸潤，構謗累於忠貞者，讒人也。

（6）雖言巧而行違，實履濁而假清者，佞人也。

（7）不原本於枉直，苟好勝而肆怒者，暴人也。

（8）揚細善以取信，陰挾毒而無親者，姦人也。

（9）承風指以苟容，揆主意而扶非者，諂人也。
（10）言不詳於反覆，好輕諾而無實者，虛人也。
（11）見成事而疑惑，動失計而多悔者，闇人也。
（12）背訓典而自任，恥請問於勝己者，劣人也。
（13）委德行而不修，奉權勢以取媚者，弊人也。
（14）履蹊徑以僥倖，推貨賄以爭津者，邪人也。
（15）既傲狠以無禮，好凌辱乎勝己者，悍人也。
（16）被抑枉而自誣，事無苦而振懾者，怯人也。
（17）治細事於稠衆，非其人而盡言者，淺人也。
（18）知是非而不改，闕良規而增劇者，惑人也。
（19）無濟恤之仁心，輕告絕於親舊者，薄人也。
（20）既疾其所不逮，喜他人之有災者，妒人也。
（21）冒至危以僥倖，值禍敗而不悔者，愚人也。
（22）無抑斷之威儀，每脫易而不思者，輕人也。

（23）觀道義而如醉，聞貨殖而波擾者，穢人也。

（24）持淺斷而多謬，闇趨舍之藏否者，笨人也。

（25）每動作而受嗤，言發口而違理者，拙人也。

（26）事酋豪如僕虜，值衰微而背惡者，懸人也。

（27）捐貧賤之故舊，輕人士而踞傲者，驕人也。

王陽明先生之察人，亦以心理為皈依，例如「躁於其心者，其動妄，蕩於其心者，其視浮；歉於其心者，其氣餒；忽於其心者，其貌惰；傲於其心者，其色矜。」等語，可見其體察對方心理，已極週致，故錢德洪先生云：「陽明先生用人，不專取其才，而先察其心。其心可託，其才自為我用，世人喜用人之才，而不察其心，其才止足以自利其身。」

曾文正公觀人，仍不外乎心理學，如剛柔篇所云：五行為外剛柔，內剛柔則喜怒，伏跳，深淺皆是。喜高怒重、過目輒忘，近粗。伏亦不伉，跳亦不揚，近蠢。初念甚淺，轉念甚深，近奸，內奸者，功名可期，粗蠢各半者，勝人以壽。純奸能豁達者，其人終成。純粗無周密者，半途必棄。觀人所忽，十得八九矣

謹就筆者管見所及，將吾人個性分別內向、外向、或時而內向，時而外向三者，詳述於

後：

一、外向者

1粗疏：事無巨細，漫不驚心；不計利害，輕許易諾。

2直率：中心坦白，心無留言；一遇不平，輒爲報復。

3膚淺：學識不充，修養不足；遇小事則賣弄己長，遇大事則不知所措；常喜發表意見，稍遇打擊復自悔失言。

4固執：主觀成見極深，從不俯就他人；卽自己未見錯誤，亦必強辯到底。

5自負：目空一世，傲慢自居；無論事之巨細難易，輒視爲輕易而自許。

6剛勁：出言不徇情，作事不苟且；面無笑容，行不亂步；不妥協，不合作；甯玉碎，不瓦全。

7暴燥：臨事不加考慮，聞言不辨是非；稍受挫折，非動武揮拳，卽破口詈罵。

8果敢：當機立斷，不畏艱險；出口不顧挺撞，行動豪邁不拘。

9狂放：着衣則不修邊幅，出言則口似懸河，爲文則縱情任情，行動則隨遇而安。

10輕浮：語言不實，舉止輕佻；作事則有始無終，對人則決無誠懇。

二、內向者

1 怯懦：臨事猶疑，遇難畏葸；一受窘迫，則色厲內荏；一遇困難，則張皇失措。

2 殘酷：遇他人危急之時，不但不加援手，反而助紂爲虐，甚爲投井下石。

3 冷雋：出言幽默，行止安靜；欠熱誠，不作分外之事，激之只能不動聲色。

4 陰沉：不爲感情所動，不受環境刺激；平時不輕發一言，怒時不形於色；忍辱含垢，循規蹈矩。

5 虛僞：善於承顏悅色，隨機轉變；對上則足恭過厚，多文密節；對下則裝腔作勢，沽名釣譽。

6 精細：出言三思，行動謹愼；處事有條不紊，細密週到；惟欠廣大才思，無遠謀深見。

7 刻薄：出言尖刻，作事偷巧；對錢財則毫釐必計，衣食則簡薄異常。

8 詭譎：行動如鼠，心狠如狼；面譽而背誹，外誠而內詐。

9 保守：不求進取，不善交際；無野心，守本分；雖孜孜終日，亦無倦容。

10 渾厚：氣量寬宏，不事苛責；任人毀譽，無動於中；欠精細，少智謀。

11昏庸：論事則似是而非，不中肯要；行動則迷離恍惚，不識途徑；精神薄弱，時呈睡眠不足之態。

12遲鈍：感覺滯鈍，吐詞遲緩；對於顯而易見之事，往往諦視常久，不能得其端倪。

上述怯懦、渾厚、昏庸、遲鈍四項，驟視之或以爲故作陰沉，故爲冷儁。實則彼之感官遲鈍，精神欠充，有以致之。

三、時而外向時而內向者

1豁達：此乃涉世經驗較深之人，其本性因受各方面磨礪切磋，完全改觀。能剛能柔，時明時昧，剛時則使人凜然生畏，柔時則使人和藹可親，明時則秋毫不忽，昧時則不見輿薪。唯其昧然不覺之時，正是明到極處之時。蓋其所以昧者，非其本心之昧，實故作糊塗耳！世人稱此類典型人物，曰水晶皮球，言其人既明亮且圓滑，柔如橡皮，剛如晶石，可謂極洽當矣。

2穩練：對事能分晰利害，對人能察究眞僞；不輕舉，不妄動；凡事祇求處置適中，不競功賞；對人決不輕用情感，但亦不招怨尤。

3創造：自信力極堅，不肯隨聲附和；對一切事物有獨到見解，即屢遭失敗，亦能再接再厲，終於成功。

4機警：有見微知著，臨機應變，察顏觀色之才智；且有控制感情，抑壓本性，以適應他人之能力。

第二節　觀察術與生理學

吾人之形貌肢骸，在受胎後已具雛型，出胎後雖與年齡增長，營養豐歉，隨時改變，但其輪廓仍不能完全改觀，惟當發育充滿以及進入衰老時期，其變化程度極爲顯著，俗語云：「女大十八變」，亦即云凡女正當及笄之期，或由孅變妍，或由肥變瘦，轉變極大之意，至於由壯轉老，變化之度，亦極懸殊，黔首變爲白頭，朱顏變爲柴骨，驟視之，幾判若兩人，再若營養豐富者，則有心廣體胖之象徵，營養缺乏者，則有菜色病容之表現，證諸以上情形，是吾人形貌肢骸之改易，與生理變化之關係，已顯而易見矣，惟觀察術之施用，不僅依其表面形容，遽加論斷，必綜合內外表裏，詳爲分晰，始能得其結論，况人相觀察已於下節作具體之研求，自不必再作贅言，本節所云，乃就吾人接受某種刺激後其生理上所生之反應變化而已，餘從略矣。

吾人之行爲，常爲體內生理變化，與外界情境所生之刺激所決定。食管空虛，腸壁收縮，同時桌上陳列食物，此兩種情景相聯以刺激個人時，即能喚起飲食行爲。意志不堅定者，當窮困潦倒時，一見財幣，即易喚起竊盜行爲。忠臣烈士，當其忠烈情緒蘊蓄於內心時，一遇外界刺激，便即演出忠烈事蹟。復仇者當其復仇情緒緊張之時，一遇殺人利器，便即持此利器以圖殺害對方。

吾人的行爲，一方面固然爲環境所決定；他方面又須吾人具有特殊之構造。有此特殊構造，然後乃有此特殊行爲之可能，設無適當之構造，則雖有適當之情境或刺激，亦不能表現其特殊之行爲。譬如先有手之構造，然後才能取物，足之構造，然後才能走路。構造與體內及體外的環境，是決定行爲之二大要素。

蓋吾人每一個行爲分析起來，則有下列三種事實：（一）先被環境刺激，而後始有動作，因是刺激乃行爲發生之最初第一步，（二）接受刺激之感官，接受此刺激以後，即將此刺激傳達於感覺神經，（三）再由感覺神經，傳此刺激於中樞神經，復由中樞神經發生運動的衝動；再由運動神經傳達於筋肉，筋肉因神經的刺激而起收縮，筋肉的收縮，即形成爲種種隱伏於體內，或表現於外面的行爲，本節所指隱伏於體內者，即某種刺激傳達於腦神經時，當時並無行為表現，而加以思考注意想像判斷推理聯想等反應而言。表現於外者，乃指經此刺激後而立時發生反應的行為，如喜怒哀樂等情緒之表現。

吾人接受每一刺激，不但有神經變化，感官作用，筋肉運動，並牽動內外分泌腺之分泌，呼吸循環消化等器官之變化。例如吾人感受某種劇烈刺激後，即發生憤怒的反應時，是時不僅筋肉緊張，呼吸迫促，心悸亢進，眼球發直，而且身體上熱力向外散佈，於是面紅耳赤，氣喘汗流，有此現象，是不難一望而知其人乃受有某種劇烈刺激而極端憤怒也。

總上所云，吾人當觀察對方之時，應於覿面之頃，即先施以精神上之刺激，然後對其言詞弱點，再施以之針鋒相對之試探、以觀察其外表之神態，及內心之反應，即可得其概要矣。

第三節 觀察術與人相術

相人之術，跡近玄秘，一般人視為江湖騙術，學者不道，科學家更嗤為怪誕無稽，不足研求。凡此種種，實為片面誤解，而不知其眞諦者。筆者不敏，講述其原委，緣昔時生理學心理學尚未昌明，病理學亦極幼稚，研究斯術者，乃憑其經驗所積，推理所知，著成專書。

故其內容記載，近乎哲學理論，缺乏科學依據，後世之操斯術者，更復狃於五行生尅，宮位刑冲；於吉凶休咎，則言之綦詳，於擇人取士，則罔知顧及；見解膚淺，文辭俚俗，於是形成玄秘之學說矣。

夷考吾國相人之法，由來久矣。周內史叔服，東周時姑布子卿，戰國時梁唐舉，率以相人著稱。至荀子之非相篇，雖於人相二字似持異議，但其立論中心，則以「人之性惡，其為善者，偽也」為基點，亦即言人之惡性，實與有生俱來，所以為善為惡者，不在形相美惡，乃在「師法」「禮義」之能否矯治耳！故歷續即云：「相形莫如論心，論心不如擇術；形不勝心，心不勝術，術正而心順之，則形相雖惡而心術善，無害為君子也；形相雖善而心術惡，無害為小人也」。嗣又云：孫叔敖突禿長左，軒較之下，而以楚霸；葉公子高微小短瘠，行若將不勝衣，定楚國，如反手。……仲尼之狀，面如蒙倛；周公之狀，身如短菑；皋陶之狀，色如削瓜；閎夭之狀，面無見膚；傅說之狀，身如植鰭；伊尹之狀，面無須麋。………」

如上所云，形相美惡，固不足以判定人之良莠，惟具有非常才智，立有非常事功者，其形相則異於常人，已可概見，至於相形不如論心，論心不如擇術諸語，是其學說已由人相學進入心理學之領域，與專談人相者不可同日而語矣。筆者撰著觀察術之主旨，亦同此意，可謂不謀而合。

相人之法，必綜合「形」「心」「術」三者論斷，前已約略言之，茲再重申其說。夫相術亦猶醫術焉，醫師之治疾，以望、聞、問、切，為診斷之先決條件；相者之相人，雖不必切其脈搏，但必須觀其形貌，聽其發音，聆其語詞，視其行動，察其內心，其理則一。昔呂純陽亦曾作形、心、神、三者合參之語。茲摘錄於下，以資佐證：「善惡雖視外形，必合內表共鑑。緣存心陰德者，其神聚而安藏；使用心計者，其神怒而精耗；形為心役者病，事為心役者敗，心為神役者奸，神為心役者亡。…………」是則鈎心鬥角之人，必心神不甯，形貌亦隨之變異；明達正直之士，則必心曠神怡，身心亦隨之康泰。古人云：心廣體胖，誠不誣也。至於劉邵之相法九徵，則以物生有形，形有神精，能知神精，則窮理盡性，性之所盡，九質之徵也。與呂純陽形心精三者合參之理相似。惟所謂九質者為：平陂之質在神，明暗之實在精，勇怯之勢在筋，強弱之質在骨，躁靜之決在氣，慘懌之情在色，衰正之儀在形，態度之動在容，緩急之狀在言。較呂氏之語，尤為深切，且用之於觀察術上，極稱得當。

吾國相術書籍，流傳於世者，計有四種：一曰、麻衣相法，為五代時陳希夷之師號麻衣者所著。二曰、柳莊相法，爲明代袁忠復所著。三曰、鐵關刀，爲華陽寺僧雲谷山人所著。四曰、水鏡集，爲清初范文元所著。考其內容紀述，大致相同，論斷之間，瑕瑜互見。或云麻衣之眞傳已失，所流行者僅得糠粕；又以輾轉重刊，魯魚亥豕，舛誤極多；而研究斯術者，復奉麻衣爲圭臬，衣鉢相傳，不知考證，於是以訛傳訛，一誤再誤，遂流入江湖術道，誠爲憾事。

人相學說，在吾國固具有悠久之歷史，歐美各國亦曾孜孜焉於是項學術之研究。如大哲學家蘇格拉底，亦爲骨相學（phrenology）家，凡面有惡像黑者，彼皆不願見之，謂其能犯罪惡。而蘇氏本人亦復面形殘酷，感情易於動搖。惟彼之所以未入犯罪途徑而能泰然自若者，實由於彼之理智終能抑制感情故耳！亞理斯多德，則謂頭部形像與人之心智有關。意大利龍布羅梭，則謂人之後腦骨如呈隆起之狀，且有前後走十字形之紋者，其人終必犯罪，稱之爲生來犯罪人。至於前額較狹，頭蓋骨較低，或顎和顴骨突出，致顏面左右不相稱者，其人性必殘暴。鼻樑偏於一側，眼瞼下垂呈半開狀，或眼球斜視，及虹彩不相稱者，其人性必狡詐。嘴唇膨突而厚者，其性頑固，薄而直者，善言多詐等等，亦爲龍氏之見解，故世人有羅馬相術之稱。美國名相術家——孛拉克福女士，曾根據生理學心理學及其歷年經驗之所積，著有新相術一書，於擇人選士，則言之綦詳，於吉凶休咎，則不提隻字。美國各大公司、商店、銀行、工廠招考職員時，率皆延伊從旁觀察，以定取捨。較諸吾國所謂四大名著者，則進步多矣。以上所云，乃就中外各國著名於世者而言，至於家藏秘本及吾人未經閱睹者，尚不知凡幾。

昔曾國藩先生之幕僚賓客，固無一濫竽充數者，即其部屬將吏，亦無一才不勝任者，世人譽為知人善任之專家，考其所以抉擇人選之道，則不能不歸功於人相術。緣滌老於人相學術，研究極精，不僅於胡左李彭公私牘中，間以骨相面相微言，示其選才之法；且著有冰鑑七篇，秘藏於室，留作家珍。其內容詞嚴義正，非術士所能道其隻字。至其所以不付剞劂之意，良以滌老一生耿介，不願以命運之術，淆亂正義。乃戒諸子孫，留作家傳，則可；出而問世，則不可。於是坊間無此刊本。茲經多方蒐集，猶得抄本，始悉其內容紀述，共分七章：一曰、神骨，二曰、剛柔，三曰、容貌，四曰、情態，五曰、鬚眉，六曰、聲音，七曰、氣色。字字璣珠，洵稱佳構。

總上所云，人相學說，並非玄秘怪誕之謬談，實吾人擇人選士之嚆矢，已可概見。惟吾人不可涉及生尅刑冲，吉凶富貴，應以鑒貌辯色，明心見性為務。否則超出觀察術範圍以外，則非吾人所願聞頗道者也。

第四節 觀察術與符號寫眞術

嘗閱吾國人相書籍，對於顏面各部之記載，率以額平、鼻高、口大、眉濃等概括之名詞形容之。惟究其所謂額平者，係爲直平，抑爲斜平。鼻高者，其高度何若等等，不能以精微之計較指出之。迷離撲朔，殊難根據。以故操相術之業者，若非經驗宏富，考覈精確，必致隔靴搔癢，妄談休咎而已。依余管見所及，若能採用符號寫眞術，以補缺陷，旣可考證精微，復能便於記載，誠所謂珠聯璧合矣。

符號寫眞之術，創於一八九三年，爲法人裴爾梯龍氏（Bertllon）研究所得，始爲警察機關用作偵捕罪犯之用，此後各機關團體人員登記，亦採用之。良以斯術之運用，旣毋須攝影師爲之攝影，復毋須藝術家爲之繪畫，更毋須觀察者向其反覆諦視啓人疑竇，僅以一瞥之間，憑吾人目力之銳視，判別之正確，迅速之記載，即可盡其能事。

按裴氏之符號寫眞術，其寫眞部門專在面部。首將其人之面形，剖分爲三大部，亦猶吾國相面者所謂三停。自鼻根以上而至額部之髮根稱爲上部，自鼻尖以上而至鼻根稱爲中部，自鼻尖以下而至下顎稱爲下部。此三部若果各佔三分之一，則爲正常；否則此長彼短，配合參差，則有差別。茲爲圖如下：

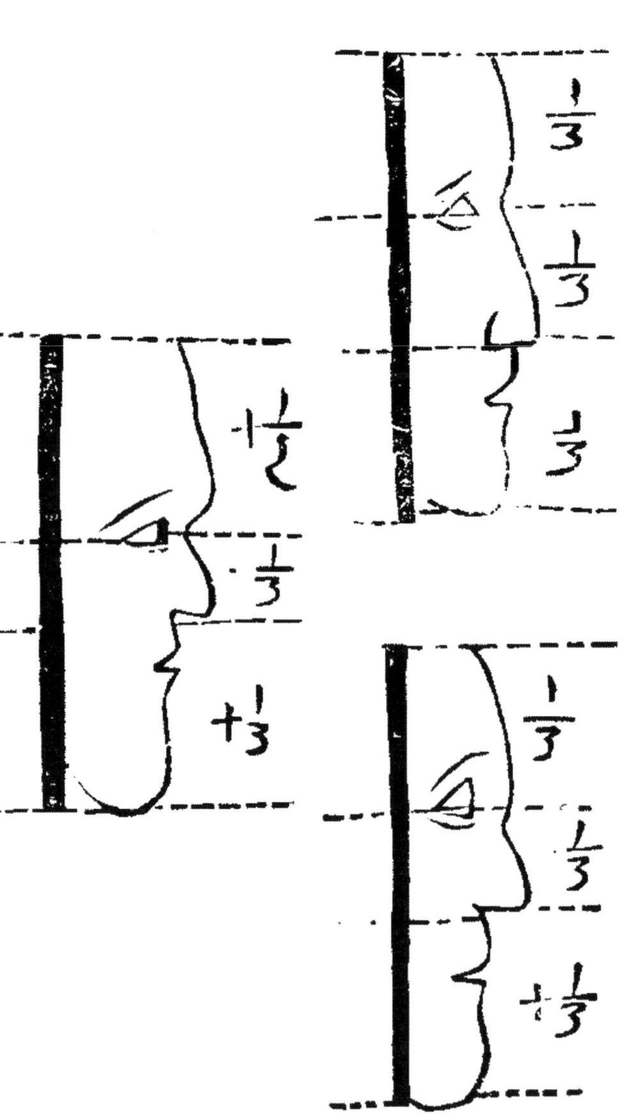

從上述三大部中，將每一部分再分爲若干細部，然後就其每一細部，用準確之眼光，作

精微之分析，以鑑別其每一細部之高低、寬狹、大小、正斜、深淺、凸凹，用七種比較之符號，一一記載，則雖孿生子女，亦能就微末之處，判別分明，古人云：孔子貌似陽貨，紀信貌似漢高，若以此術察之，自不能魚目混珠矣。

再進一步言之，近時東西各國對於人員登記，率以照片為依據，殊不知照片之效用，僅能保持五年之久。在此五年中若無生理或病理及外傷之變化，尚可藉資對照；設有變異則模糊恍惚，幾不復認出廬山眞面目矣。若以斯術記其特徵，辨其毫末，自能考證精詳。其實施之法，即就來人初次覿面之時，將其人之面部，先分為（三停）三大部，然後就其每一大部，再分為若干細部，列為一表，（此表可預先備置）以比較所得之結果，用符號在其表格內一一註明，以顯示其三大部及各細部之大小、寬狹、深淺、凸凹、長短、高低、正斜等等。至其所謂用符號，並無一致，余以為用下列（+）（−）方式較為適當，茲就鼻梁凸凹之形狀繪圖並舉例如下。直（+−）不加不減也，稍凸（+）、凸（++）、特凸（+++）、稍凹（−）凹（−−）、特凹（−−−）。

觀察術

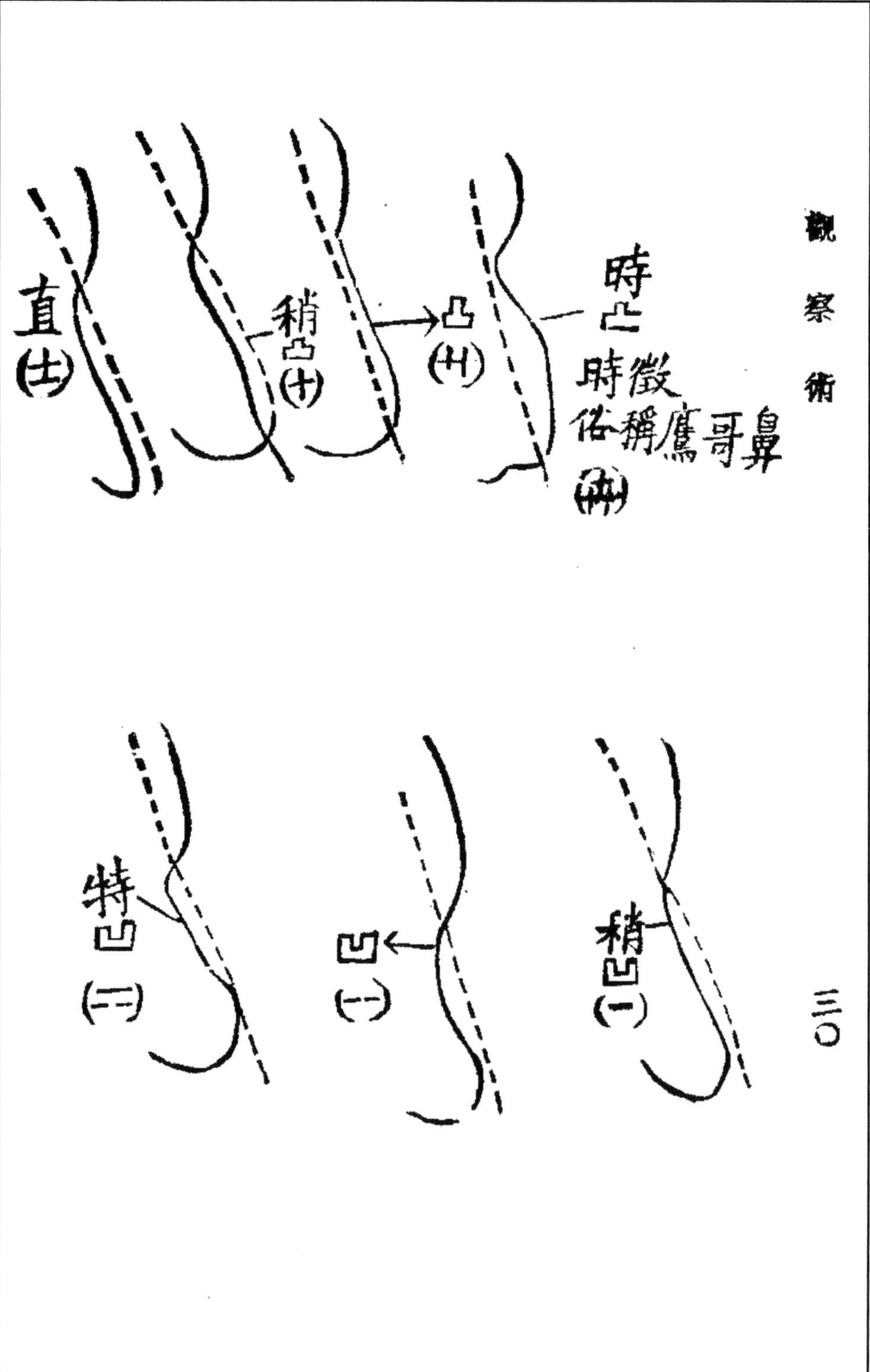

第五節　觀察術與病理學

吾人生活有二種不同之現象：一為健康，一為疾病。所謂健康者，乃對於身體器官之構造通常，其生活機轉，循規則而運行，其人有快活健全感覺之狀態而言也。所謂疾病者，乃正規之機能，發生障礙，其人呈不快感覺之狀態而言也。至介於健康與疾病之間，尚有不快、違和、薄弱、缺損、之類，以及在病象發起之先，或在病象消滅之後，組織存有變化，得以發生疾病者（潛伏疾病），其病狀雖未完全表現於外，第形貌外觀則已呈異狀。因是健康者與疾病者，從其外表上觀察，即可予以判別，茲復申論其概義如下：

患病者，其生活機能既失正規之調協，發生障礙，其情態復呈不快之感；其感官及皮色與夫呼吸、飲食、行動等等，亦必異於正常。如患黃疸病者，全身皮膚及眼球作金黃色；患水腫病者，全身腫脹；患脹滿者，腹部膨滿；患目疾者，眼球發赤；患阿特生氏病者（Adisson's disease ，由於內分泌腺發生障礙），顏面發青；患甲狀腺腫病者，（又曰突眼症），其眼球突出；患肺結核者，其面色有時紅潤異常（尤以兩頤為最）有時面色蒼白，肌肉消瘦；患脚氣病者，腿脚臃腫，面部及上體消瘦異常。多血質者易衝動；多粘質者善猶豫；神經質者，易受刺激；神經衰弱者，多恐怖。諸種症狀，自不能以常人視之。若以病者之病理現象，誤認爲對方情緒之表露，則大謬矣。患精神病者，固能易於判別，若爲精神病中間者，則不易於判定，尤宜格外注意。

按精神病之分類，大別爲叡智缺損性精神病，疲憊性精神病，感情性精神病，神經性精神病，中毒性精神病，精神之中間狀態等六種，其病狀約呈下列之現象。

一、精神症狀

（一）感覺障礙

（二）知覺障礙

（1）妄覺

（甲）幻覺——幻覺、幻視、幻味、幻嗅、幻觸、運動幻覺、內臟幻覺，反射性幻覺。

（乙）錯覺

（2）知覺脫失

（三）理解作用障礙

(1)所在識障礙
(2)記憶障礙——記能障礙、追想障礙。
(3)觀念障礙——聯合障礙、聯合速度障礙、錯亂。
(4)判斷障礙——判斷衰耗、判斷錯誤。
(四)感情障礙
(五)意志障礙

二、身體症狀

(一)運動障礙
(二)反射障礙
(三)知覺神經障礙
(四)體溫障礙
(五)睡眠障礙
(六)營養障礙

證諸上述種種之症狀，是其精神與身體已呈障礙現象，因之，吾人施行觀察之時，祇須就其障礙之點，加以刺激與試探，以視其反應，卽可辨別矣。

第二章　分論

第一節　頭面之觀察

頭為一身之主，百骸之宗，觀人之術，當以頭始。昔范文元云：「頭象天，足象地，眼象日月，聲音象雷霆，血脈象江河，骨格象金石，鼻額顴頸象山岳，鬚眉象草木。」是吾一身之具，足以象天地萬物，而頭足以配天者，明矣。惟按諸吾國諸相家所云：頭短者，欲圓；頭長者，欲方，頭骨取豐而起，頭皮取厚而潤，兩角取隆起，天庭須飽滿，是頭之宜圓、宜豐、宜健、宜正，乃為上乘。但究應如何謂之圓？圓而如珠者也。如何謂之豐？骨肉調勻者也。如何謂之健？肌肉堅韌者也。如何謂之正？直而不倚者也。曾文正於冰鑑七篇中所論頭面骨云：「骨有九起，天庭骨隆起，枕骨強起，頂骨平起。佐串骨角起。太陽骨綫起，眉骨伏犀起，鼻骨芽起，顴骨豐起，頂骨平伏起。在頭以天庭骨、枕骨、太陽骨為主。在面以眉骨、顴骨為主；五者備，柱石器也。」又云：「頭無惡骨，面佳不如頭佳，然大而缺天庭，終是賤品。圓而無串骨，半為孤僧。」是頭圓者，固為上選，但必須輔以天庭，佐以串骨，乃無缺陷。

美國名相家孛拉克福女士，就歐州各國人種頭顱高低闊狹分析其特性，尙稱精確。今移作吾人觀察術上研究，雖云他山之石，亦可以借助一般也。茲分錄於后：

甲、高頭之特性：（一）有志願熱望，故科學探險發明等事業，以具此種頭顱者，佔優勢。（二）有高尙之想像。（三）能自治，故守法律，重道德，鎭靜勇敢而機敏。（四）抱樂觀，故敢任大事。（五）有同情心自尊心。（六）公平正直。

乙、長頭之特性：（一）智力發達。（二）重人道。（三）喜愛動植物。

丙、狹頭之特性；

利——温順和平，堅持不屈。

弊——事前預備欠週，臨時每多輕忽。

丁、低頭之特性：乏高大之志願，道德程度較低，名譽心，公正心較弱，同情心，樂觀心亦較微，而猜疑心則較甚。

戊、短頭之特性：智力較遜，善摹倣，不善創作，頗機巧，自治力較弱，感情易於激動。

己、闊頭人之特性：富有精力，作事週到，有決心，能破壞，好用武力以去阻礙。

庚、前低頭之特性：（一）無同情心，極殘暴，好破壞，（二）乏創造能力，（三）善摹倣，（四）不信任他人。

辛、後高頭之特性：（一）鄙野成性，（二）暴虐兇殘。

壬、極闊頭之特性：（一）兇暴殘忍，（二）富精力，有決心。

癸、耳前長頭之特性：（一）智力精銳，（二）對於計算音樂科學極感興趣，且能為精密之計劃，敏捷之實行，（三）見地不廣，善用機巧，（四）謹慎細心預備週到。

總上所云，正確高頭之人，較諸高低不等，或闊狹不勻之人，均佔優勢，惟對於高頭之人之任用，必予以擢升之機會，方能使之滿意；低頭之人，即年年固守其本職，亦能永久而無倦意。惟高頭而才拙之人，每善為力所不能為之事，所謂言大而誇，是不可不注意焉。至於前低後高頭者，則無精神上之意識，，徒具野心而已，尤宜注意。若頭之前後皆高，而他方面亦不惡者，則其人樂觀，自信不屈不撓，能成大事。世界大政治家、宗教家、實業家、哲學家、大都具此頭腦。昔孔子之頂若圩，亦即此頭形。若頭之前高而後低，或他方面尚有缺陷者，其人雖有大志，而缺乏堅忍勇敢之氣，難以成功。蓋頭高之人；須前後皆高，不可太低太狹，顎頤及鼻當大，肌肉宜穀，方爲配合適宜，（按吾國相術家所謂「五嶽朝供，福自天來」亦同此理。）闊頭之人，宜爲堅決周到用力之事，如其但需骨肉之力，則闊頭而低者可矣。若其事須有高尙之意想者，則必選闊頭而高者始可，若其事但須堅忍猛進，可不顧他人利害或危險者，則以闊頭而耳後短者任之可矣。若其事須有各方面應付之才能，而居領導之地位，則非闊頭高而且長者不可。狹頭之人，應爲溫順和平機智之事。如其頭狹而且高且長者，應令之爲精細整理之工作。

上述各節，係從其職業工作而言，茲再言頭形與交際。高頭之人有高大之願望。前高者有高尙之意想，具有樂觀心，仁愛心。如其前低後高者，則與前高者相反，且好威權，具野心，固執私見，執而不化。

如其頭爲後高而頤外突，則其人更爲堅持。試觀威爾遜頭雖狹而溫和，頭之背部雖高而仁愛；且自頤至頭之後頂，距離極長，故固執己之所信，不懼反對，不屈不撓。羅斯福頭形高長而闊，惟其高，故有志願熱望，高尙理想，抱樂觀，公平正直，自尊自重。惟其長，故重人道，體人情；惟其闊，故有精力。有決心，不畏阻力，堅持不屈。闊頭之人，喜物質武力，可以實利動之。若用強迫手段，必力強於彼，始可。羅斯福曰：「如欲擊人，不可輕擊，必用全力以擊之。」此次美國參加同盟國戰爭，羅斯福慎重至再，始毅然決定，但決定後，必操左券，此足證明其言之不謬也。低頭之人，無高尚思想，但知物質上之利益。如其頭狹而後低，尚可強迫為之，如其頭前高，則無己見，服從命令，甯聽人言，不能自決。頭低而狹之人，無理財之才。不能勤勞謀生。必有以刺激鼓勵之。筆者曾見此種定型之人，賴有賢妻策勵，致能成就事業，此屬意外。短頭之人，多屬自私自利者，若與之交接，不可以情誼動之，祇能以利害脅之。

此雖為美國李拉克福女士所論頭形，若與吾國諸名相家所論頭形，互為參證，實無軒輊之處。不過吾國名相家，除論頭形外，並論頭部骨肉，惜乎所論皆屬抽象。非細心體察，不能得其竅要，茲節錄於左：

麻衣曰「肉所以生血而藏骨，其象猶土生萬物，而成萬物者也，豐不欲有餘，瘦不欲不足。有餘則陰勝於陽，不足則陽勝於陰，陰陽相勝，謂為一偏之相。肉宜堅而實，直而聳，肉不欲在骨之內，為陰不足；骨不欲生肉之外，為陽不足，故曰：人肥則氣短，馬肥則氣喘．是以肉不欲多，骨不欲少也，暴肥氣喘，速死之兆；肉不欲橫，橫則性剛而傾；肉不欲緩，緩則性柔而滯。肥不欲亂紋露滿，露滿者近死之兆。肉欲香而煖，色欲白而潤，皮欲細而滑，皆美質也。色香而枯，皮黑而臭，癌多如塊，非令相也。若夫神不稱枝幹，筋不束骨，肉不居體，皮不包肉，皆速死之應也。」再證諸一般諺語云：面上無肉，陰險刻毒；滿面肥肉，家業豐足；面生橫肉，心地殘酷，亦多歷歷不爽。

苑文園曰：「骨有見於膚表者，有藏於形氣之內者。在表者易知，庸相之所憑也。在內者，非按抑而知，非推求而得。隱隱隆隆，若浮若沉，相者以精神取之。可以神遇，未易以言傳也。……」

曾文正公曰：「脫殼為糠，其髓斯存，神之謂也。山騫不崩，惟石為鎮，骨之謂也。一身精神，具乎兩目，一身骨相，具乎面部。他家兼論形骸，文人先觀神骨。開門見山，此為第一。」

雲谷山人曰「……諸骨俱宜肉包，不宜孤露，骨橫性凶暴，骨輕身貧賤，骨俗性愚蠢，骨寒多夭薄，骨露多刑冲，骨尖多蹇難，骨隆主福壽，骨奇定忠烈。……」

至於吾國，先哲論吾人之骨，兼而論氣。惟所論之骨，並非生理上骨骼之骨，乃所謂「骨氣」之骨。換言之，即吾人骨格與氣節是也。如曾國藩云：「擇吏之道，在無官氣，而有骨氣。若官氣增一分，即骨氣必減一分。」陸清獻云：「有骨氣者，不受人之憐。」而世人亦謂人之輕佻浮躁者，則稱之曰：「輕骨頭。」是骨與氣二者，合而為一。但在相術家之持論，又分骨與氣為二：即所謂相骨，相氣是也。相骨一節，已如上述。相氣一節，茲再述之。不過相術家所謂之氣，既非氣節之氣，亦非呼吸之氣；乃吾人「氣色」之氣。昔人所謂「氣色」，「氣宇」，「神氣」，「氣慨」，「氣魄」，均包括其內。醫者所謂望診，亦同此理。雲谷山人於鐵關力中，著有相氣一章，曾文正公冰鑑七篇中，亦著有氣色一章。茲節錄於后：

雲谷山人謂：「氣與色不同。色屬虛，氣屬實。氣從骨來，色從肉現。……」又曰：「氣從骨上起，如游龍，如飛鴻；近看無，遠看有；不可捉摸，似動似伏。……」持論近乎虛玄，不若曾文正公所云，較為正確。曾云：「面部如命，氣色如運，大命固宜整齊，小命宜當亨泰。是故光燄不發，珠玉與瓦礫同觀；藻繪未揚，明光與布葛齊價；大者主一生禍福，小者主三月吉凶。人以氣為主，於內為精神，於外為氣色。有終身之氣色，少淡，長明，壯豔，老素，是也。有一年之氣色，春青，夏紅，秋黃，冬白，是也。有一月之氣色，朔後森發，望後隱躍，是也。有一日之氣色，早青，晝滿，晚停，暮靜，是也。科名中人，以黃色為主，此正色也。黃雲蓋頂，必掇大魁；黃翅入鬢，進身不遠。印堂黃色，富貴逼人；明堂紫淨，明年及第。他如眼角霞鮮，決利小考；印堂垂紫，動獲小利；紅黃中分，定產佳兒；兩顴紅潤，骨肉發迹。由此推之，定見一斑，色忌白，忌青，青當見於眼底，白當發於眉端。然亦有不同，心事憂勞，青如凝墨，禍生不測。青如浮烟，酒色憊倦，白如臥羅，災晦催人。白如傅粉，又或青而帶紫，金形遇之而飛揚。白而有光，土庚相當，亦富貴。又不能以此論也。最不佳者，太白夾日月，烏鳥集天庭，桃花散面頰，赬尾守地角，有一如此，前程退落，禍患再三矣。」陸梓亭之觀人，尤重在神氣，所謂：「觀人不如視神，視神不如察氣。」又「豁達氣博，放蕩氣散，儉約氣固，吝嗇氣縮，謹慎氣和，深險氣沉，倜儻氣超，佻達氣薄，慷慨氣豪，浮靡氣流，坦白氣直，粗野氣陋，鎮靜氣凝，委靡氣頽，忠厚氣寬，顢頇氣鈍，精明氣清，刻薄氣促。」

頭形及骨格與氣色，已略述於右，茲再言面部上觀察，應注意之點如下：

面為儀表，列百部之靈居，通五臟之神路，表情達意，飲食聽視，全賴面部五官為之，故相士稱之曰：「相面先生」，況面部乃呈露於外者，一言一動，一喜一怒，不容隱蔽。於吾人觀察術上，尤為重要。惟吾國相術書中，大都以面相上五官如何，卜人休咎，於面形上殊少提及，編者為補充缺陷起見，特以美國李女士所論面形，首先列入。然後再將吾國各名相家所論面形，綜合述之，以佐參證：

面形如何，應從側面與正面二者，判定。

一　側面形

從側面判斷之面形，約分爲凸面，凹面，平面，暨上凸下凹面，上凹下凸面五者。

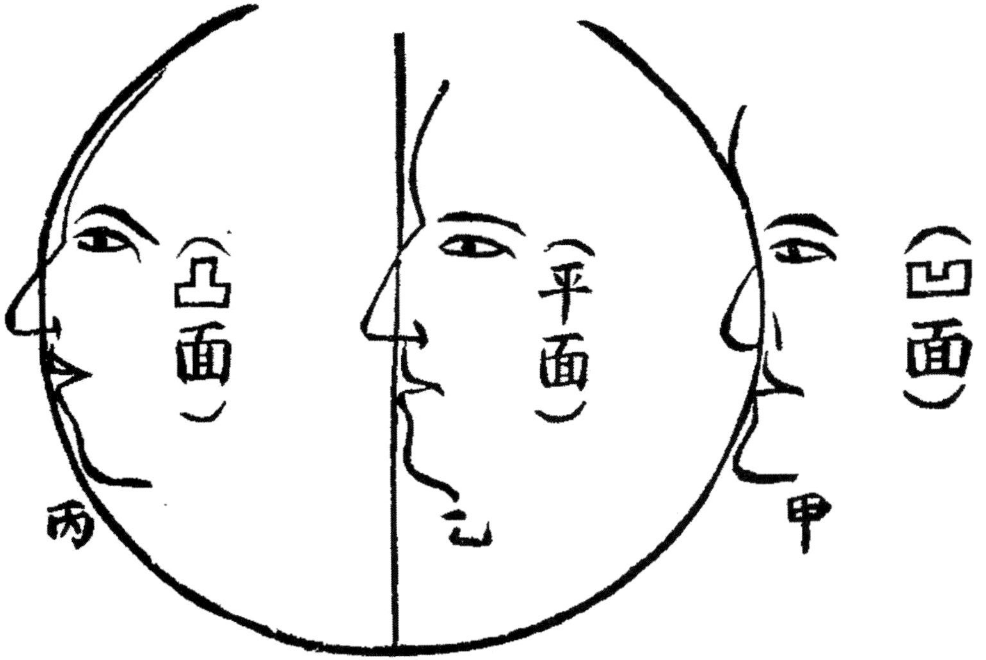

(1)凸面　（俗稱兔子面）爲精銳，力行，急性之人。其額近眉之處較高，愈上愈向後傾；其目不深而顯；其鼻長而高，梁向內灣；其口顯明，唇向外；頤則向頸傾斜。約言之，其側面略合圓形之外邊，如第一圖丙。

凸面之特性：（一）思想敏捷，而不深遠。（二）但顧實際，不喜理想。（三）觀察精銳，他人沈思之時，彼已得其端倪。（四）喜觀實事，空言不足以動之。（五）言語多而速，直而爽。（六）一舉一動，莫不速而有力。（七）缺忍耐性。（八）易爲感情激動。（九）乏持久力。（雲谷山人曰：「面中仰而人不義」，是乃言凸面之人，多行不義之舉。）

(2)凹面　（俗稱鞍橋面）爲鎮靜，從容，和藹，富於理想之人。其面形適與凸面相反；其額上高而下低；其頤下顯而上凹；其目深，其鼻短而低，梁向外灣；口則內縮。約言之，其側面略合圓形之裏邊，如第一圖甲。

凹面之特性（一）舉動從容，大都體健。（二）有持久力。（三）思想審愼。（四）傾向理想。（五）喜沉思幻想。（六）幻想出神之時，幾失其他之感覺。（七）窮究學理，而疏忽事實。（八）寡言而得當。（九）和藹可親，不失禮貌。（十）作事不甚勇猛。（十一）有忍耐性。（十二）有決心，有時或至固執。（十三）觀察力較弱，往往昧於事實，而欲用其偏執之理想。（十四）穩健耐煩，能理細事。（雲谷山人曰，「面中凹而機謀深」。是乃言凹面之人，多用理智，少用感情耳。）

（3）平面　凸面之人，思想雖銳，而不能深謀遠慮，故適宜實行。凹面之人，作事雖能耐久，而不免遲延，故適宜理想。平面之人，則介乎兩者之間，乃思想兼實行之人。既不若凸面人之急性，又不若凹面之鎮靜從容。其側面形亦介乎二者之間，額部上下皆平，目不顯亦不深，鼻直而長短適中，口不內縮，亦不外向，頤亦上下平，面之前部約成直線，如第一圖乙，今稱之為平面。

平面之特性：（一）思想及舉動，既不若凸面之敏銳活潑，又不若凹面之沉潛從容。（二）性情中和，既不受急性之害，又不以因循誤事，然亦無精銳或忍耐之利。（三）能據理而下判斷，雖不慢人，亦不能忍受他人之無禮，大都平日和藹可親，偶亦激動發怒。（四）能思想亦能實行，然其行不若凸面之敏捷，其思不若凹面之深遠。

第二圖

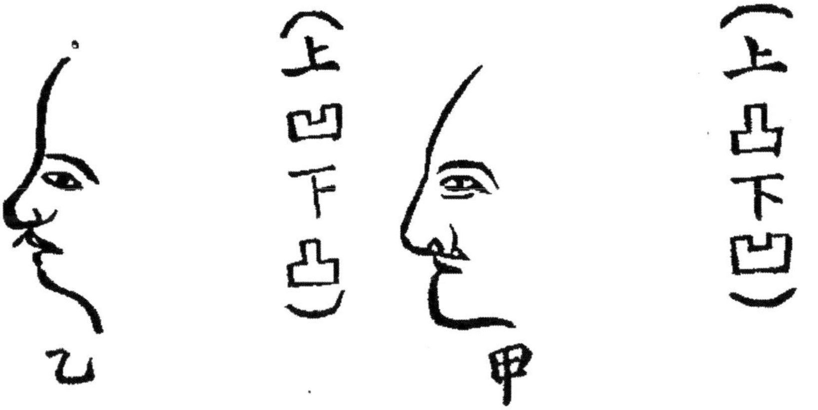

（上凸下凹）

甲

（上凹下凸）

乙

（4）上凸下凹面　凸面之人，思想精銳，行動急切。凹面之人，思想迂緩，行動從容，平面之人，思想行動，率皆緩急適中。然吾人亦見有思想精銳，行事從容之人，則其形為一種凹凸混合面而已。額目鼻似凸面，而口頤似凹面，今稱之爲上凸下凹面，如第二圖甲。

上凸下凹面之特性：（一）思想敏捷。（二）觀察精銳。（三）喜實事實物，不喜理想，空言不足以動之，必有實據以證。（四）善語言，較之純粹凸面，周詳有禮。（五）富元氣精力，能苦思力行。（六）有忍耐性。（七）性情和善，舉止從容。（八）作事細心，又能克己。（九）有決心，先思後行，故決斷少誤。（十）大都身體壯健，得之父母遺傳，又以行動從容，故其力不竭。

（5）上凹下凸面　上凹下凸面者，思想全凸面，行事如凸面，其形容，額目鼻似凹面，而口頤似凸面，今稱之為上凹下凸面，如第二圖乙。

上凹下凸面之特性：（一）思想迂緩，涉於夢幻，不合實際。（二）觀察遲鈍，且對於事實無興味，時在夢想之中。（三）語速而不敏，常詞不達意。（四）易於激動，每遺後悔。（五）眼無智慧，然必鎮靜從容，始能有強健之記憶，合理之推論，及正當之判斷，故不患智慧淺薄，而患不能鎮靜從容。（六）精力不甚充足，惟對於力省易舉之事，尚不致怠惰。（七）思想迂緩，故不易周密，舉動急切，故易蹈輕率。（八）如能於事前熟思，則作事尚能洽當。（九）大都體弱。

二　正面形

正面形，約分三角面、方面、圓面、三角兼方面，三角兼圓面，方兼圓面，複雜面，七種：

（1）三角面　此面為勞心之人。頭大身小，額高而廣，顎頤皆窄，其面約成一三角形，如第三圖甲。其人體弱，骨細，肉少，肩狹而斜，頭髮較細，手足較小，獨腦最為發達，斯賓塞爾，郝智爾，柏格森，叔本華，皆屬此種。

三角面之特性：（一）自幼喜求學，不喜運動。（二）大都體弱，對於飲食起居，每不留意，戶外運動太少。（三）如受高等教育，智識必然發達。（四）其傾向理想或實際與否，仍以側面之凸凹而定。（五）側面凹者，多研究哲學宗教。（六）側面凸者，多為科學家。（七）如天賦較低，或所受教育不足，則多為書記，會計，小販，打字，印刷，繪圖，照相等事。（八）如未受教育，而試為勞力之事，必致厭倦而流邪惡。故為之父兄者，當設法使之受相當教育，而免誤入歧途，流於犯罪。

（2）方面　此為勞力之人，顎廣而顯，其面約成一方形，如第三圖乙。肩廣而平，手足皆大，筋骨發達。

方面人之特性：（一）性活潑，好運動，喜乖獵，長於各種游藝。（二）好機械，或為運用，或為修理。（三）身強力壯。（四）活潑好動，故不受拘束，不喜久居室內。（五）多動不靜，不能專心求學。（六）不受壓制，愛自由。解放政治宗教之專制者，多屬此種人，林肯即其一例。

（3）圓面　此為安樂之人，頭小身大，頸粗面圓，如第三圖丙。全身肥胖，據生理學家言，其腸較常人長一二十尺，故消化器特別發達，營養特別豐厚。

圓面人之特性：（一）評議價值，極爲得當，判斷亦公平。（二）善交際，茶樓酒館，以及各種宴會，俱樂部中，多屬此種人。（三）有政治思想，既善交際，故易於政治界中佔優勢。（四）有經濟思想，公司銀行中之會計，買辦，以及各種專爲投機事業者除此種人外不可多覯。（五）有縱慾之傾向，若不自制，每以元氣衰弱，反致身肥過度，非特思想遲鈍，行動不便，且促短生命。

（4）三角兼方面　此爲勞力兼勞心之人，額廣如勞心者，顎闊加勞力者，故其面兼有四方，三角二形，如第三圖丁。既有文雅之容貌，又有發達之筋骨，蓋勞力而具活潑之頭腦，愛迪生其例也。

此種人多發明機器，或爲各種工程師，或爲實業界之著作家，或爲農業工藝之教授；又愛自由，每以演說或著作鼓勵他人之自由觀念。此種人對於金錢頗冷淡，且不善理財。

（5）三角兼圓面　此爲勞心而安樂之人，乃勞心人之肥胖者也，其面亦三角而兼圓面，如第三圖戊。

此種人較之純粹圓面，腦力更爲發達，多爲政治家，資本家，銀行家，及實業界之領袖，其性勇敢，愉快，自信，鎮靜，每創一舉，易爲他人敬信，塔虎脫其例也。

（6）方兼圓面　勞心兼勞力而安樂之人，乃勞心兼勞力人之肥胖者也。驟觀之與純粹圓面之人略同；惟其顎較廣，而實兼方圓二形，如第三圖己。

此種人如爲勞心事業，多爲經濟界之領袖，如爲勞力事業，多爲勞工界之領袖，鐵路上之高級職員，工廠中之監督，軍隊中之主將，皆是。歐戰中之霞飛，賣蘭巨，興登堡等名將，莫不屬此。

（7）複雜面　複雜面者，兼方、圓、三角三種面形，如第三圖庚。額廣顎闊，頰豐頭粗，腦部及筋骨皆頗發達，肌肉亦肥滿。

此種人富思想，喜活動，又有政治經濟興味，可稱完人，蓋修養適當，一端不忽也。有名人物，如　蔣總裁、華盛頓、拿破崙、格林威爾、富蘭克林、羅斯福、爹耶士、卡匿奇、摩爾根、勞約喬治、克勒孟沙，皆屬此類。

吾國相術名家雲谷山人，對於面形如何，則以字形喻之，如「……上尖刑尅重，（由字面）。下尖倉庫空，（甲字面）。中狹無權柄，（器字面）。中橫火性囚，（申字面）。田字人多福，日字人多貴，晶字人多詐，驢面人多勞，兎面人多孤。……面無肉，而人情薄；面中凹，而機計深；面色暗，而人多險。……深睛凸額人多毒，唇厚頭短性必愚；眼豎顴高，假行仁義，眼大印路，胆大心細，性情豪邁，骨格峻；性情吝嗇，鼻竅微，奸詐人，眼目放蕩；涵養八，耳孔較寬。兩眉高居額中，胸懷軒爽；兩眉低斜過目，好色貪淫。……惡眼之人宜速避，準尖之人亦須防，顴暴之人多架禍，露齒之人多洩機，面白之人多無胆，面紅之人多招災，面黑之人多隱僻，面藍之人多奸詐，面青之人多憂思，面黃之人多慎重，面紫之人多安逸。……」

按以上所云各節，與李女士所論面形，互為參證，大同小異，希讀者體察之可也。

第三圖

觀察術

甲 （三角面）

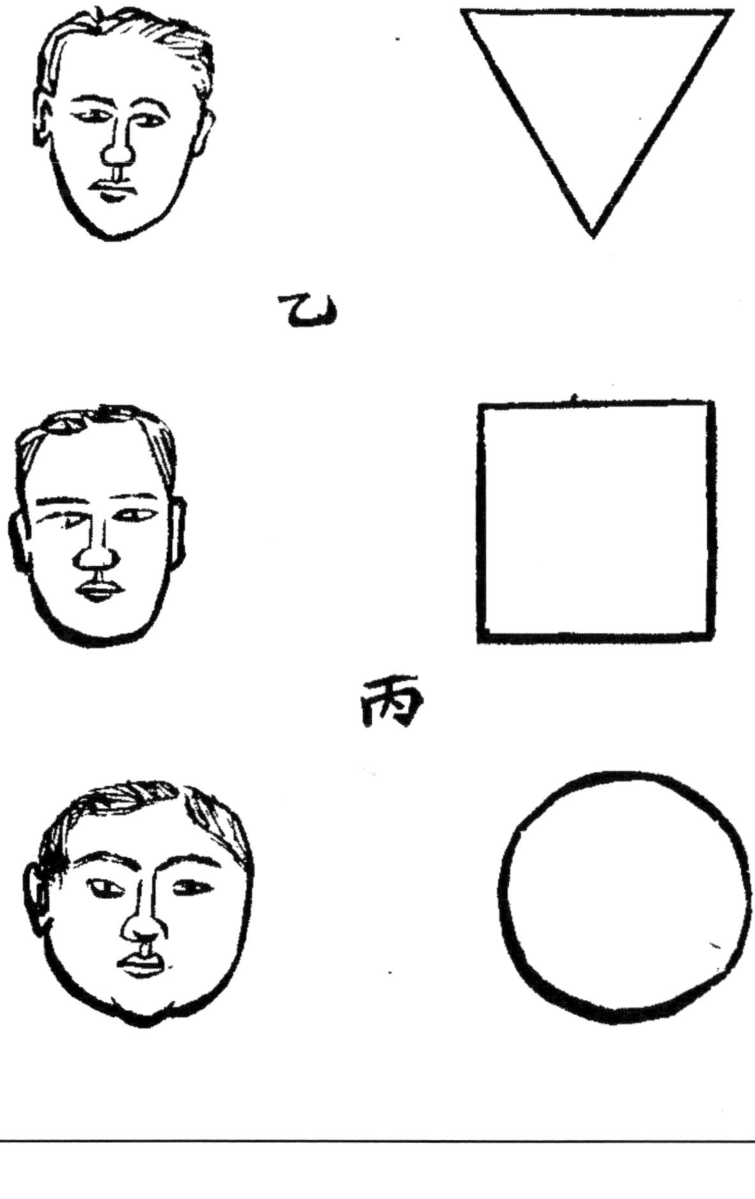

乙 （方面）

丙 （圓面）

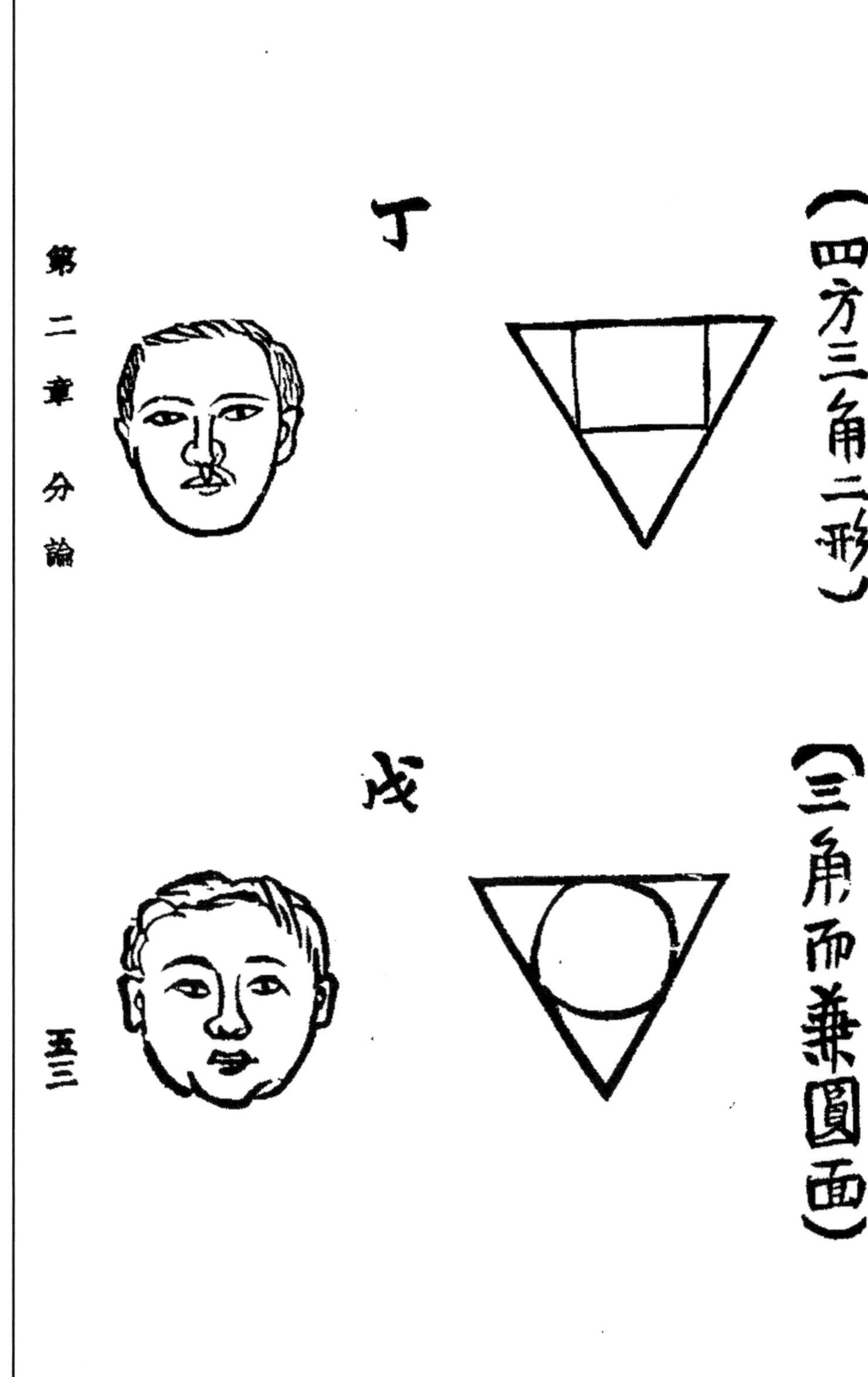
（四方三角二形）
丁
（三角而兼圓面）
戊

方兼圓面

己

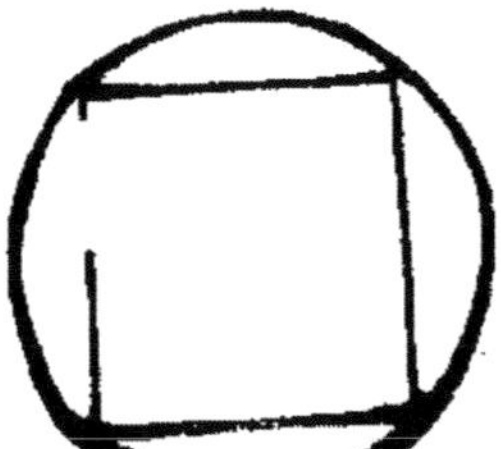

庚

複雜面

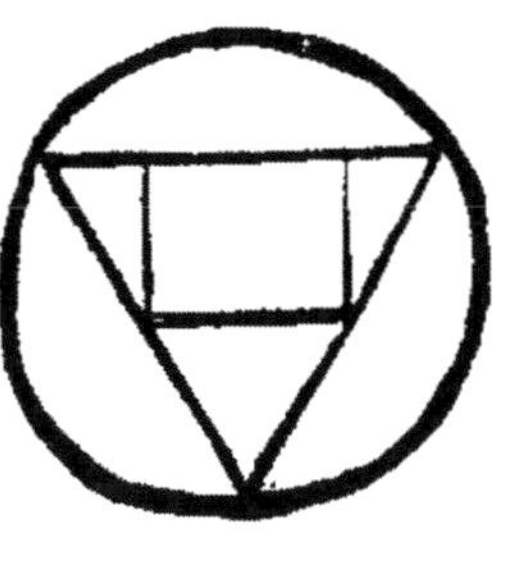

第二節　五官鬚齒之觀察

一　目

西諺曰：「目為心靈之窗戶。」孟子曰：「存乎人者，莫良於眸子。……」曾文正公曰：「一身精神，在乎兩目。」是吾人心有所動，即能於其眸子中體察而出。至於目之陷突、長短、睛之黑白、濁清、於人之邪正、善惡、賢愚，亦有極大關係。昔名相家有訣曰：「眼秀而長，必近君王；眼似鯽魚，必定家肥；眼若龍睛而光亮，食祿千鍾；眼若蜂狼而睛露青浮者，惡死極刑；眼若鳳鴻而細長者，清高貴顯；睛若蛇鼠而睛赤珠露者，奸盜之流；眼若曉星，四海聞名；眼光昏沉，貧而夭死；目烈有威，萬人依皈；眼色通黃，聰明鄙吝；眼若臥弓，作事奸雄；眼形三角，生性貪惡；龍睛鳳目，忠孝全名；蛇眼雞睛，忤逆絕頂；浮光外露，惡死無疑；眼縫帶花，多作少成。目光如電主貴顯；目尾插天掌刑名；目短昏偏生愚笨；目廣方長聲名震；眼泛睛浮貧窮夭壽。眼露四白，必遭刑凶；鷹目高視，心奸惡毒　鼠目偷視，貪淫作賊；雞眼鴿睛，散走他鄉；火氣侵眸，官事重重，目赤睛黃，必遭橫禍。……」總之，不怒而威，目先炯炯，黑白分清者上焉；目秀而潤，目光四射者次焉；

目光飄搖眼神外露者又次焉；目光邪視，或渾濁不清，或睛球暴露者更次焉。西人金柏萊曰：「吾人與對面人談話之時，其人凝視不瞬，必爲意志堅強者；若爲目光飄搖不定者則必爲意志薄弱者。」此言殊爲正確。換言之，設其人於對面談話者，發問之際，輒低頭下視，而不即答或垂其眼瞼，而不注視，則其人必陰沉，甚或險毒亦屬無疑。茲再以陸梓亭之言證之，尤爲精當。其言曰：「吾人視瞻平正，上視者傲，下視者弱，偷視者姦，邪視者淫。」

美國李女士所論眼目形態，亦有獨到見解：「眼皮所以保護眼球，其開閉實足以表示其人自覺所需保護之程度。故大張其目，表示無慮，無疑，不知危險而胆大不懼。再眼皮之開閉，亦所以表示所欲之物之程度。故大張其目，亦即表示好奇、詫異、戒嚴、熱望。若米眼球略向上翻，則爲凝神遐思之狀。惟此乃暫時之大張，與上述不知恐懼習慣之大張不同。」又曰：「眼皮所以隱匿其眼球也。故大張其目，乃表示磊落誠實，無所秘密；若爲誠實而精細之人，則其目開張適中，而視線平穩、正直、從容。若多疑機巧之人，則其目微閉，但留一線；狡猾之人，目之外角略向下垂；暴虐之人，其目半閉，眼皮緊壓眼球，其下邊成一直線；詐欺之人，目亦半閉，閃閃不敢正視；快樂之人，頰肌上擁，目之外角有縐紋；色慾熾者，眼皮頗厚，目亦微閉；聰明之人，其目活潑有神，愚鈍之人，其目昏淡無神；神經錯亂之人，其目轉拯不定，睜目而視；感情深厚之人，其目溫和發光，微笑略閉，悲傷之人，其目滯呆。」

二 鬚眉

冰鑑七篇曰：「鬚眉男子，未有鬚眉不具而稱男子者，少年兩道眉，臨老一林鬚，此言眉主早成，鬚主晚運。然面紫無鬚自貴，暴腮缺鬚亦榮，郭令公半部不全，霍嫖姚一副寡臉，此等間逢，畢竟有鬚眉者十之九也，眉尚彩，彩者秒處反光也，貴人有三層彩。有一二層彩，所謂文明氣象，宜爽疎，不宜凝滯，一望有乘風翔舞之勢，上也，如潑墨者，最下。倒豎者，上也。下垂者，最下。長有起伏，短有神氣，濃忌浮光，淡忌枯索，如劍者，掌兵權；如帚者，赴法場。個中亦有微茫，不可不辨。他如壓眼不利，散亂多憂，細而帶媚，粗而無文，最是下乘。鬚有多寡，取其與眉相稱，多者宜清，宜疎而縮，宜參差不齊。少者宜健、宜光、宜圓、宜清。捲如螺紋，聰明豁達；長如解索，風流榮顯，動如張戟，位高權重；亮若銀條，早登廊廟，皆宦途大器，紫鬚劍眉，聲音洪壯，蓬然虬亂，嘗見耳後配以神骨清奇，不千里封侯，亦十年拜相。他如輔鬚先長終不利，人中不見一世窮。鼻毛接鬚多晦滯，短鬚遮口餓終身。」總上所云，鬚與眉相互爲用，相得益彰。其他該相家雖鬚眉分別而論，但與曾文正公所云，亦無軒輊。不過在論眉之部：「有兩眉頭交蹙者，其心狹窄；眉骨稜起者，主凶眉居額中，濃細而有威者，主貴。」等語耳！

三 鼻

相術家以鼻為五嶽中之中嶽，所謂五嶽者：額為南嶽衡山，頦為北嶽恒山，左顴為東嶽泰山，右顴為西嶽華山，鼻為中嶽嵩山，相傳孔子與明太祖均為五嶽朝拱之相。故吾人鼻相如何，實為吾人一生成敗所繫。西人鼻果高聳，而思想發達，智慧較優。中外人士中，從未有事業偉大，而鼻小如鉤者，不過鼻大面小，亦是下乘，鼻梁凹陷，而無準頭，更非賢才。

鼻直而高，其準頭如垂珠者固為上乘。但必與其他各部配合，方為適宜。否則僅及於其人一身財帛豐富耳！總之，若其人鼻梁高長而端正，如懸胆，如截筒，鼻孔收斂，鼻毛不外露，色澤光潤，準頭肥圓，必有理財設計之能。若為形如鷹嘴準頭尖曲者，必為奸詐之徒，鼻孔外掀，必善誹謗。孔大肉薄，終必貧賤。鼻梁灣曲，其心尤險。鼻相大概如此而已。

四 口齒

口司吾人飲食之門戶，語言之傳達，故端正不妄言，謂之口德。誹謗多言，謂之口賊。吾國名相家，則以口為吾人一生食祿之主，遂乃有口福之稱。口宜厚而寬，唇以端而正，齒以白而齊。若爲闊而不正，大而不收，黑而不紅，尖而不藏，偏而斜小，薄而下垂者，則非善相。至於口不見唇，口能容拳，唇若噀血，是乃富貴之徵。嘴孺齙唇，必喜誹謗他人；口若吹火，終必孤獨；口如鼠食，則喜讒，善妒；口如縮囊，則怪僻異常。其他唇極薄，言不露齒，其人必擅口才，而內心刻毒。言時咬齒，而時常他顧者，尤爲毒惡。此乃從其本來形相上論斷也。茲再言其內心上情緒如何，可以從口之表情上，即能會意。

幼年之人，頗難自制。將笑之時，口角兩端向上；將哭之時，唇自震動；雖欲強制，而不可得也。及年齒較長，漸能自制，有所感覺，能不變面色，哭後亦能假笑。笑後亦能假哭。然內心快樂，終年多笑之人，其平日必不能不帶笑容。內心憂戚，終年苦悶之人，其平日必不能不帶憂色。由此可知，習慣入人之深，而吾人觀察人之休戚，亦在此矣。譬如氣忿怨恨，失意之時，則上唇聚貼下唇，兩口角向內收，兩顋鼓起，兩目凝注。快慰之時，其上唇上捲，兩頰肌上擡，使兩口角向左右牽引，而露其齒是也。

第三節　言詞之觀察

言詞所以達吾人之情愫者也，心有所蘊，必賴言詞以吐之，惟性情內向之人，則每每言

觀察術

不由衷，故言詞觀察，不能就單純之片面觀之，必綜合其情態、容貌、舉止、互爲參證，方爲正確。

吾國名相家，每將言詞與口齒混爲一談，例如，「泛言多露齒，狂言多口大，愼言多辱長，直言多齒齊，急言多口薄。好說便宜者多口反，好說短長者多口疎，門齒大而齊，不狡不毒，門齒小而齊，不譎不信。舌大口小，多言不了，舌小口大，言語急快。……語未出而舌先見，好語人非，語未已而頭下垂，心非口是。」

其他先賢先哲，對言詞觀察，亦極有見地，茲綜合諸子所云，分述於下：

管子曰：「必諾之言，不足信也。」「言之不可復者，其言不信也；行之不可再者，其行賊暴也。」「訾讆之人，勿與任大。」

老子曰：「輕諾必寡信，多易必多難。」「信言者不美，美言者不信，善者不辯，辯者不善。」

孔子曰：「始吾於人也，聽其言而信其行；今吾於人也，聽其言而觀其行。」「其言之不怍，則爲之也難。」「巧言令色，鮮矣仁。」「揚人之惡，是小人也，不內相教而外相謗者，是不足親也。」「口銳者，多誕而寡信。」「取人之術也，觀其言而察其行。夫言者，所以抒其胸而發其情者也，能行之士，必能言之。是故先觀其言，而揆其行，雖有姦軌之人，無以逃其情矣。」

墨子曰：「言不信者，行不果。」

孟子曰：「詖辭知其所蔽，淫辭知其所陷，邪辭知其所離，遁辭知其所窮。」

荀子曰：「口能言之，身能行之，國寶也，口不能言，身能行之，國器也，口能言之，身不能行，國用也；口言善，身行惡，國妖也。」

易繫詞云：「將叛者，其詞慚；中心疑者，其詞枝；吉人之詞寡，躁人之詞多，誣善之人其詞游，失其守者其詞屈。」

王通曰「多言不可與遠謀。」

黃晞曰「不言者，吾知其蓄言也；多言者，吾知其易屈也。」

郡康節曰「言詞間不顧涎擡，其人必忠。」

胡宏曰「言詞巧者，臨斷必不善。」

陳希夷曰「開口說輕生，臨大節決然規避。」

莊忠甫曰「輕拒者，不可與有言也，輕受者，亦不可與言也。輕受善言者，亦輕受惡言，則其所受還爲所拒矣。惟夫聞善若饑，聞惡若嘔者，然後可深告而不疑，縱言而無忌。」

王陽明曰「氣浮者多言，志輕者多言；氣浮者耀於外，志輕者放於中。」「言語無序，亦足以見心之不存。」「大凡看人言語，若先有個意見，便有過當處。」

呂新吾曰「率眞者，無心過，殊多躁言輕舉之失。愼密者，無口過，不免厚貌深情之累。」「君子之言惟淡質直，惟以達意；小人之言，鮮穠質柔，務欲可人。」

陳眉公曰「遇嘿嘿不語之士，切莫輸心，見悻悻自好之徒，應須防口。」「喜傳語者，不可與語，好議事者，不可圖事。」「無欲者其言淸，無累者其言達。」

一　從語言情態上觀察

觀察對方之語言，固可以鑑別其性情，若再從其情態上合併觀察，尤覺確當，蓋吾人性緒之表顯，有時雖經百般抑制，而終不能控制裕如，仍然呈顯於外者，實爲必然之事實。昔子產出巡，聞少婦哭於途，其聲不哀而懼，其態不戚而喜，遣吏執之審爲絞殺其夫。故曾文正公於冰鑑七篇中，特著情態一篇，以資佐證。

容貌者，骨之餘，常佐骨之不足；情態者，神之餘，常佐神之不足。久注觀之，精神作覩，觀之情態，大家舉止，羞澀亦佳，小兒行藏，跳叫愈失，大旨欲辨清濁，細處亦論取舍，人有弱態、狂態、疏懶態、有周旋態，飛鳥依人，情致婉轉，此弱態也。坐立自如，問答隨意，此疏懶態也。飾其中機，不苟言笑，察言觀色，趨吉避兇，此周旋態也。皆根其情，不由矯枉，弱而不媚，狂而不譁，疏懶而眞誠，周旋而健舉，皆能成器。反此敗類也，大概亦得二三矣。

前者恆態，又有時態，方與對談，神忽他往，衆方稱言，此獨冷笑，深險難近，不足與論。交言不必當，極口稱是，未交此人，故意詆毀，卑庸可耻，不足與論事，漫無可否，臨事遲回，不甚關情亦爲墮淚，婦人之仁，不足與談心。三者不必定其終身，反此以求，可以交天下士。

以上所述，乃就對方言語時，表現之一般情態而言。若僅從對方面部表情上觀察，則尤感興趣。此種面部表現，在精神病學上稱之爲貌言。換言之，即其人意思之發表，不以言語，而以面部肌肉之運動狀態，以表示其精神內容而言也。今分析其狀態如次：

（一）爽快狀態　爽快時面色微紅，前額平滑，無皺襞，兩眉內端下垂，眉間寬闊，眼瞼下垂，兩外眥部顯現多數橫行皺襞，頰部膨脹，鼻唇溝（中國相書稱爲法令紋）深陷，口角向下外方牽引，上下唇開張，前齒露出，同時身體運動活潑。

（二）抑鬱狀態　抑鬱時前額多皺襞，兩目呈八字形，眼裂細小，目向下視而輻輳甚強，鼻根有多數縱行之皺襞，頭部以自然之重力下垂，口角向側下方牽引，軀幹及四肢肌肉弛緩，兩眉下垂，運動減少，全無活氣。

（三）忿怒狀態　面色發赤，眉頭緊促，中有深刻縱紋，兩眼張開，兩眼球上翻或瞪直，兩頰肌肉向下牽引，嘴唇緊閉，牙齦咬緊，呼吸迫促，全身肌肉緊張。

（四）無慾狀態　眼瞼下垂，全身肌肉及關節弛緩，毫無抵抗，口裂半開，下頷下垂，目光茫然，眼球固定，運動減退，緘口不言，與將睡時之顏貌姿勢相類似。

（五、假面狀態　面部肌肉緊張而硬動，其精神內容與表出運動，不相一致。

形態所以表情，語言所以達意，性情誠摯者，其心意與情態必能一致。否則口是心非，或詐詞掩飾，或矯柔造作，在善於觀察者，仍不難從其矛盾處體察而出也。惟情態與語言，固不可偏廢，而聲調之強弱，音韻之濁清，吐詞之緩急，於言詞觀察上，亦極重要，茲分述於後：

形態所以表情，語言所以達意，已如上述，因是性情誠摯者，胸懷皎潔，其情意與形態，必無二致。否則口是心非，矯柔造作，力圖掩飾，以畏人知，吾人若針對對方弱點予以適當之刺激，設非大奸大猾，其情態必因之而生變異，然後從而觀察其姿態是否鎮靜，語詞是否驟轉，音調是否改變，眼珠是否正常，自能得其結果，倘對方接受刺激之後，突然面色轉白，心悸亢進，四肢呈戰慄之狀，音調低微，吐詞斷續，其情緒必為恐怖。眼腔充滿淚液，嘴唇緊閉，兩口角往下垂。音調高低不一，吐詞作咽噎之聲，其情緒必為悲傷。牙齦咬緊，動脈管脹起，拳頭緊握，聲音調轉高，吐詞急迫，其情緒必為忿怒。面紅耳赤，目光呆滯，音調不協，吐詞支離，其情緒必為愛窘。眼角邊有輕微的皺紋，頰肌上擁，其情緒必為暗喜。手指很不自然的玩弄物體，呼吸逐漸變為深長，瞳孔放大，此為渴望情緒。精神不振，眼光懶散，聲音微微顫抖，甚至頻頻自語，此為失望情緒。處處迴避他人，目光不敢正視，對答語詞常捐棄自己主見，而俯就他人，此為自卑情緒。仰首挺胸，目光四射，言詞中常以主觀成見為是，此為傲慢情緒。眉頭雙蹙，眼神散漫，發音低微，言詞中常作噯氣，此為幽鬱情緒。

以上所云乃為經過刺激後由反應而生之情緒，惟此項情緒之表現，外向性之人，固可以觀察而出，若為內向性之人，則能控制其情緒，喜怒不形於色，憂樂不出諸詞，怒時反笑，處危若安，對是等人之觀察，應以全部所得之結果而論斷也。

二　從語言聲音上觀察

聲調之強弱，音之濁清，吐詞之緩急，亦應兼籌並顧，曾文正公曰：「人之聲音，猶天地之氣，輕清上浮，重濁下垂；始於丹田，發於喉、轉於舌、辨於齒、出於唇、實於五音相配，取其自成一家，不必一一合調。聞聲想思，其人斯在，寧必一見決英雄哉！」

聲與音不同。聲主張，尋發處見；音主斂，尋歇處見。辨聲之法，必辨喜怒，哀樂。喜如新竹當風，怒如陰雷起地，哀如石擊薄冰，樂如雪舞風前，大概以輕清為上。聲雄者，如鐘則富，如鑼則賤；聲雌者，如雉鳴則貴，如蛙鳴則賤。遠聽沉雄，近聽悠揚，起若乘風，止若拍瑟，上也。大言不張唇，細言若無齒，上也。出而不返，荒郊牛鳴；急而不達，深夜鼠嚼，或字句相聯，喋喋利口，或齒喉不分，呰呰混談，市井之夫，何足比數。

音者聲之餘也，與聲相去不遠，此則從細處曲中見直，平賤者，有聲無音；尖巧者，有音無聲，所謂禽無聲，獸無音者，是也。凡人說話，是聲；其散左右前後，是音，開談若含情，話終多餘響，不惟雅人，兼稱國士。口闊無溢出，尖舌無乖音，不惟寬厚，兼稱名高。

三　從語言修辭上觀察

修辭之當否，尤為語言觀察上必具之條件，惟修辭典雅者，其含蓄必淵；鄙陋無謂者，其吐詞必俗，往往有口似懸河，而胸無一物，舌如槍劍，而臨事慌張；滿口忠貞，而多行乖逆；是不可不慎者也！

吾人對修辭上之觀察，如欲獲得美滿結果，固為不易，若果細心體察，亦能得到端倪。蓋善於詞令者，必能善承顏色，見風轉舵，憑其鼓簧之舌，針鋒相對，使聽者悅耳，聞者動情，既無語病，又乏冗詞。西廂記所謂：「啓朱唇語言的當」者，是也。惟善言者，每於論到得意之時，輒滔滔不斷，竭力張揚其才智，或以往之事蹟，罔知顧忌，如是則有言多必失之弊，吾人應於此等處所，以冷靜之頭腦，觀察其矛盾所在，孟子所謂：「詖辭知其所蔽，淫辭知其所陷，邪辭知其所離，遁辭知其所窮，」是即觀察言辭之眞僞，最適當之條件。

語言時發音之強弱，從生理上言，是由聲帶之闊窄，肺量之大小，而生差異，並無貴賤之分，誠詐之別，智愚之辨，殊不知聲調之闊窄，音韻之有無，吐詞之緩急，咬字之清濁，不僅可以判別其人之終身，且可以斷定其人當時之情緒，夫闊而無韻，窄而不當者，均屬鄙賤之徵，宏而不斂，細而不清，亦為粗陋之兆，前者似犬吠，似哇鳴，後者似鳴鑼，似鼠噴，至於聲如裂帛終必潦倒，無依聲作牛鳴，亦惟窮困到底，昔文王篇以聲氣色三者併爲一談，對於聲氣色分析，亦極詳盡，茲摘錄於后：

「……以其聲，處其氣，初氣主物，物生有聲，聲有剛有柔，有濁有清，有好有惡，咸發於聲也，心氣華誕者，其聲疏散，心氣順信者，其聲順節，心氣鄙戾者，其聲嘶醜，心氣寬柔者，甘聲温好，信氣中易，義氣時舒，智氣簡備，勇氣壯直，聽其聲：處其氣、考其所爲，視其所由，察其所安，以其前，占其後，以其見，占其隱，以其小，占其大，此之謂視中也。

又曰：「民有五性喜怒欲懼憂也，喜氣內蓄，雖欲隱之，陽喜必見內蓄，雖欲隱之，陽怒必見，欲氣內蓄，雖欲隱之，陽欲必見，懼怯氣內，雖欲內蓄，陽懼必見，憂悲之氣內蓄，雖欲隱之，陽憂必見，五氣誠內，發形於外，民情不隱也，喜色油然以生，怒色拂然以侮，欲色嫗然以偷，懼色薄然以下，憂悲之色，纍然而靜，誠智必有難盡之色，誠仁必有可尊之色，誠勇必有難懾之色，誠中必有可親之色，誠潔必有難污之色，誠靜必有可信之色，質色浩然固以安，僞色縵然亂以煩，雖欲故之中色，不聽也，雖變可知，此之謂觀色也。

據此以觀，吾人於語言聲音外，尤宜觀察對方言語時之神色，古人云，察言觀色，良有以也。

諺語有云：「氣餒聲嘶，理直氣壯，」是氣餒之人，中心惶恐發音鏗鏘，脫口而出，氣壯之人，則中心無所顧忌，發出之音，猶如開撥汽水瓶之木塞，一衝直上，至於色厲內荏者，則外強內弱，外實中虛，其氣不平，其聲不和，尤而易見，曾滌生先生於冰鑑七篇中，亦曾著有聲音一篇，亦以聲氣併論，再錄之以供研討：

「人之聲音，猶天地之氣……照錄至兼稱名高。」

至於虛構事實，以圖迎合；粉飾己惡，以揚其善，對此等人之觀察，應以兩目注視其情態；而後體察其言詞，設於應付時，其頭頻頻低垂，或兩眼球時向上翻，而其對答之辭，又不卽時脫口而言，則其人之狡詐不誠，已可概見矣。

惟訥言自守者，詞簡意誠，往往被人忽視，殊不知此等人能容人忍事，不露圭角；外貌渾厚，不逞才華；吐屬簡扼，不作廢詞，情態深沉，毫無矯造。親近之，則不驕矜；遠離之，亦無怨色。

至優柔寡斷之徒，每於談論之時，雖事小如芥子，輒以廢詞娓娓而答，不能作肯定之斷語；唯唯否否，狐疑莫決。此種人不可與謀事，只宜用作被動人。

總裁對三民主義青年團全國代表曰：「凡事能當機立斷者，雖錯誤亦爲幹才。凡事優柔寡斷者，臨事必一籌莫展，」此誠扼要之言。

修辭典雅，固爲學識淵博之徵；而辭句鄙俗，亦未可斥爲粗陋之才，前者慮其欺世盜名，後者或爲性情誠篤，不喜詞令。荀子曰：「信信，信也；疑疑，亦信也。貴賢，仁也；賤不肖，亦仁也。言而當，知也；默而當，亦知也。故知默猶知言也。故多言而類，聖人也；少言而法，君子也。多少無法而流湎，雖然辯，小人也。」又曰：「辯說譬喻，齊疾給便利，而不順禮義，謂之姦說。」是則吾人於言辭觀察時，對於善言多辯者，務細心體察，詳爲分析，未可遽加定論也。

綜上所云，已見言詞觀察之不易，玆再總括而論之：設其人修辭中肯，發音鏘鏘，情態安閒，舉止靜默，而語詞之間，則有攻訐他人，詆譏友好者，此種人心地狹窄，恐不免流入陰險之途。設其人言不擇人，口無留言，遇淺交亦披露肺腑，此乃無涵蓄欠修養之徒。設其人僅知雕蟲小技，動輒炫誇博學多能，或小有聰敏，而自負才高氣盛，此爲狂狷之士。設其人稍受刺激，登時暴戾恣睢，此爲匹夫之徒。設其人負才能而不見於辭貌，遇榮辱而淡泊自如，此爲深沉之士。設其人言語不顧挺撞，坦然自陳是非，此爲率眞之士。議論冗繁，語言乏味，必爲淺識無學之徒。逢人稱善，不辨是非，此種人圓滑有餘，方正不足。類如是者，甚多，不能一一枚舉。茲再錄吳粹升諛直之辨，十四則，以爲參證：

諛者聳其肩，而直者持之以莊；

諛者諂其笑，而直者守之以默；

諛者之腰常曲，直者挺之使不曲；

諛者之足常恭，直者節之使不勞；

諛者之容舒，而直者常嚴；

諛者之色喜，而直者常厲；

諛者之聲低，而直者高；

諛者之氣下，而直者上；

諛者之言曲以婉，而直者勁而疾；

諛者報人以易，而直者責人以難；

諛者夭桃還媚，而直者孤松挺節；

諛者是其所非，而直者非其所是；

諛者春風秋露，而直者烈日嚴霜；諛者肥膩若脂膏，甘鮮若飴蜜，而直者蓮膽苦其口，薑桂辣其舌。

吾人於言詞觀察時，決不可固執成見，務綜合各方面，加以判斷，方爲正確，熊恆升曰：「一席之議論，或有所可取，善其人一時之言，可也。以此概其人之生平，則不可。居游之人，相習未久，窺之而不見所長，含默可也。遽短其人，則不可」。斯誠確切之論。

第四節 行動之觀察

吾人天賦之本性，與當時蘊蓄之情緒，每於不知不覺之行動中表現而出，故有臨時行爲，平時行爲之分。所謂臨時之行爲者，一方面固爲其人當時蘊蓄情緒之表現，他方面則爲其人以理智控制感情而爲之僞飾行爲。所謂平時行爲者，一是其本性所趨向的行爲，二是其習慣所染成的行爲。

觀察對方行爲，既不可以臨時行爲，確定其品性，亦不可以平時行爲，斷定其終身，必須二者互爲參證，方稱肯定。譬諸某打鐵工人，終日孜孜於洪爐鐵錘之間，一日得中儲蓄券之頭獎，棄其舊業，購置新衣，服飾堂皇，居然士紳模樣，而周旋於地方人士之中。吾人若就其臨時行爲觀察之，則其衣冠楚楚，舉止闊綽，儼然富豪。若就其平時行爲觀察之，則其形動粗魯，語言鄙俗，必能透視其本來面目。再如曾受軍事訓練者，步度整齊劃一，進退之間必行軍禮。曾習拳藝者，其行走時踵與蹠全部着地，挺腰抹肚，兩手握拳。凡此種種，乃其習慣使然。至於臨時僞飾形態，如劉玄德驚雷失箸，蔡松坡縱情女色，均屬利用機警，暫時掩飾，使對方罔知其情緒如何，意志所在，此爲大丈夫之掩飾行爲。其於衆人屬目之地，坐立故爲莊嚴，稠人廣衆之中，進退適爲道貌，一揖一恭，骨軟背躬，接接而趨，諾諾而退，面諛而背誹者，此小人之掩飾也。故太公云：必見其陽，又見其陰，乃知其心，必見其外，又見其內，乃知其意。必見其疏，又見其親，乃知其情。……」是即言吾人觀察對方時，必須綜合其陰陽，內外，疏親，加以判斷，方稱正確。憶昔余於口試某軍旅新兵時，該兵立於棹前，在問答之際，輒雙手反扶棹之邊緣，適棹邊有傾覆之水，該兵誤觸其上，旋即提起其隨身所着之長衫左角，加以揩拭，拭畢仍以雙手反扶棹邊。余即詢之曰：「爾曾作堂倌否？」曰：「然」，同試者回顧余曰：「君何以知其曾爲堂倌，抑曾相識耶？」余曰：「不然，蓋由其行動中觀察而出耳！請申言之，彼雙手反扶棹邊者，是其問客需要酒菜時之姿態，以衣角揩拭其手及棹上之水者，是其照應顧客入座時之姿態，從此兩點上判斷，故能預知其曾爲堂倌耳！」由此觀之，習慣染人之深，可概見矣。

上述之臨時行爲與習慣行爲，亦即曾國藩所謂恆態與時態二者。惟吾人坐立行動，其姿態本無一致，究以何種姿態，方爲正當；何種姿態，足以表現其當時情緒，與其固有之本性，茲概略言之如下：

（1）坐立　吾人所謂「正襟危坐，」「席不正不坐，」以及坐若泰岱，起若浮雲，視線平直，飽滿精神者，此言坐立之正者也，亦即從其坐立姿態上，判定其人心地正直，舉止莊重之謂。惟坐立姿態亦分臨時，與習慣二者：臨時之姿態，是其感覺某種刺激後而生之姿態，約言之有四：（一）感受沮喪刺激時之姿態，（二）感受得意刺激時之姿態，（三）有愛好感覺時之姿態，（四）有厭惡感覺時之姿態。

（甲）沮喪姿態：垂頭屈背，兩肩向前，口隅向下，手臂內曳，大趾相向，全身有折合之勢。

（乙）得意姿態：舉首展眉，直背挺胸，兩肩上聳而後拋，口隅向上，手臂外伸，足趾相背，全身有伸張之勢。

（丙）愛好感覺時姿態：兩目注視其人或物，聚精會神，頰肌微向上擁，口微開，身體手足皆向之。

（丁）厭惡感覺時姿態：皺眉蹙額，目半閉，視線他顧，身體轉向他方。

以上為臨時姿態，已概括言之。茲再舉一例以證：憶昔某錢莊經理放鉅款於某商號，某商號之店主，平日為人極為和藹，一日某經理過該店門首，該店主低首垂肩坐於肆內，竟視若無睹。某經理見其神態失常，認為該店主必有重憂，惟以彼此利害相關，不能坐視不管，而累及於己，乃請其至伊之秘室，詳詢近狀，並許以如有困難之事，當竭力援助，請勿庸諱言。該店主乃具以實告：緣該店主，新近購有大批證券，自購進後，價格一日數跌，欲售之，則損失不貲，勢將破產，欲留則無資週轉，勢將停業。某經理笑曰：「此小事耳！吾輩十餘年交往，吾兄信用昭著，已非一日，祇須將所購證券暫存敝莊，權代押款擔保品，需要若干，可儘量支取，決使寶號之信譽，不受絲毫影響，惟須由敝莊派司帳一員，暫在寶號專司出納，每日將收入之款，繳存敝莊，其他無所要求。」該店主諾諾而退，迨後該店主營業狀況，有增無減，對外信用，毫無損傷，而證券價格，亦已穩定。不數月，某錢莊與該店主結算往來，該店固略有損失，而某錢莊則分厘無傷，事後同人中有詢其經理何以事先知其有失敗之象徵，事後何以作如是之救濟。曰：「無他，觀察力所及耳！蓋該店主平日爲人和藹，即距離較遠，亦必笑靨相迎，何竟垂首喪氣端坐陣內失之交臂耶？此其失敗之象徵。再者，彼之敗績，並非少數，一旦敗績暴露，債權者極衆，本號雖佔大多數，至是亦惟有聽其分配，兩敗俱傷，智者不取。況證券價格已跌至最低之數，依余之觀察，不日即將上漲，彼以迭受挫折，其自信心與勇氣，完全消失，故其心理中充滿失望情緒，而不能自謀。因是余將其證券，存置本莊，以爲先發制人之策，派人爲其司帳，以掌握出納之款，俟其營業恢復，然後向其結算帳目。」綜上經過，其所以救彼者，亦即自救耳！

至於平時（習慣）之姿態，亦可就上述四類分論之：

（一）沮喪姿態：其人昔為沮喪情緒所束縛，其勇氣完全消失，自信心毫無，而內心則充滿懦弱與畏怯，因是內部臟腑，必受壓迫，外貌精神，日驅萎靡，習慣日深，雖注以興奮之劑，亦不能得到反應。驟視之，必覺其人爲無能之輩，實則其人之能力，或不若觀之者所覺之耳。

（二）得意姿態：古人云：「人逢喜事精神爽、惱悶憂愁瞌睡多。」此雖指臨時姿態而言，實與平時姿態亦有連帶關係。蓋其人平時一帆風順，毫未經過挫折，則其胸必挺，頭必昂，自信心必固，勇敢心必盛，面部時帶笑容，精神時覺飽滿。生理上各部機能，得以流暢運行，臨時雖稍受刺激，亦不致有以上之象徵。

（三）愛好姿態：古人云：「寶劍贈與壯士，紅粉送與佳人。」是壯士必愛寶劍，佳人必愛紅粉，若將此二物轉換贈送，不但不能獲其愛好之心，反招憎厭之尤，從此可以推想，愛好者必把玩其物，反復欣賞，或面對其人，詳加諦視。再加某文學作者，上書於某當道，某當道亦為愛好文學者，雖未見其人，僅讀其文，亦必反覆誦讀，羨慕不已。迨見其人，而其人又為善於詞令者，更復愛不釋手，於是對於其文與人，必呈愛好之態。

（四）厭惡姿態：逆耳之音，拂意之言，為吾人所不願聽聞，勉強聞之，必生厭惡之感；同時吾人姿態上亦必呈現不豫之狀。譬諸賦性正直者，聞聽花柳之言，必掩其耳；賦性寬厚者，聞聽刻薄之語，必掉首他顧。

除上述四種外，設其人立時身體欹斜，坐時四肢伸展，其性情多為妄自誇大，而不自量，且作事疏忽怠惰。設其人坐立平衡，垂直端正，其性情多為嚴肅，整齊，精確，可靠。

第二章　分論

設其人坐立不定，立則時時換足，坐則欹側傾斜，其性情多爲輕忽多疑，神經過敏。若果立如豎柱，坐如磐石，則其人能忍耐，有毅力，有威儀，能自信自治。立時身體前斜，兩膝微屈，坐時偏促不安，前伸後仰，頭微下傾，目光閃灼不定，則其人爲機巧，狡猾，多忌多疑。

（2）行走：安步當車，爲舒豫之表現，行走迫促，是惶急之象徵。無目的，無計劃之人，其行也蹁躚飄曳；困憊無志之人，其行也滯緩蹣跚；年老疾病之人，軟弱踉蹌；矜誇之人，則昂首而行；虛榮之人，則高視闊步；愛美之人，行時常顧視其衣履；橫暴之人，行時常挺肚握拳；卑諂欺詐之人，則輕而速；自尊自負之人，則步度平穩，莊重而緩。

其行走姿態，異於常人，而有犯罪之可能性者，略舉於下：

（甲）不向直線前進，多轉灣抹角者。

（乙）每至轉灣處，輒回頭顧盼者。

（丙）見軍警而有意避開者。

（丁）神色不定，步度不勻者。

（戊）常在一段路上徘徊者。

（己）二人同行時離時合者。

（庚）久停車站迄不上車，或已到站台而遲徊不下，或出站後而不向大路行走者。

（辛）在車廂中端坐，時以書報遮掩其面目，或時換有色眼鏡者。

（壬）婦女幼童，形跡奇突者。

（癸）年雖幼稚而眼神不定，專喜擠入人羣者。

（3）手勢

手勢為人類最初表示意思之唯一方法，原人未有語言之時用之，嬰孩未能言語時用之，外人不通言語時用之。即平日言語之時，亦莫不用之以補言語之不足，故手勢實為吾人當時表現情緒之一端。

表現當時之情緒，固可以從手勢中觀察之；即對於其人之愫性與職業，亦可以從其手勢上窺察而出。譬如性躁之人，言語時大都手勢高舉外伸；性靜之人，大都手勢輕張緩縮；性暴之人，大都握拳作勢；性弱之人，大都鬆弛謹怯。至於因職業上習慣所表現之手勢，例如：唱大鼓書與演戲者，平時談話間所作之手勢，往往流露其登台表演時之姿態。昔人就和尚，文人，轎夫等之揮扇形式，作如下之見解：「文人拂胸，轎夫搧褲，僧人倒領。」亦即言文人以扇輕拂其胸前；轎夫歇足後汗流如注且以下體流汗最多，故以扇搧其褲襠；傖人不能赤膊，且其衣較厚，故搧扇時必先提其衣領，就領口搧之。於此可見，吾人手勢與職業實有連帶關係。

（4）握手

近年來以歐風東漸，社交禮節上乃有握手之儀式，因是握手之姿勢，緊鬆，緩急，以及手之温度等，均可為鑑別對方當時情緒之傾向，與其個性之如何。

再者，吾人所習之職業與嗜好，往往從其指上觀察而出。例如：業染坊者，其手指大都染有顏料，不能退去；習手藝者，大都手指粗方，瘤皮累累：嗜紙烟者，食指中指之間，熏有烟色；嗜雅片者，食指之第一關節，與拇指之第一關節均作黑色；嗜彈鋼琴者，指爪修切整齊，且作方形。諸如此類，不勝枚舉。

西人握手，以緊而韌為表示親密，鬆而弛為疏淡之暗示。其次，為手之温度，若天氣温和，而手頗冷，則其人性情冷淡，或身體不健，可以推斷。然身體既不健康，則其性情必不能活潑。涼爽之手，表示心氣和平；微温之手，表示快樂安慰；過熱之手，表示性情急激，若其手感覺遲鈍，握後收回極速，則其人性情冷淡，可以概見。若其手熱而韌，握時穩重平均，留戀少時，則其人必能相親相信。若非親屬至友，而握手緊貼久時，則其人近乎阿諛，意欲顯其與人非常親密，而實際上則不必若是之甚也。若握手之際，用力過度，使人難堪，則其人兇猛而無考慮。

第五節　交友之觀察

古人云：「物以類聚。」又曰：「近朱者赤，近墨者黑。」曾子云：「觀其交游，則賢不肖可察矣。」孔子云：「不知其子，視其父；不知其人，視其友。」孟子云：「視近臣，以其所為主；觀遠臣，以其所主。」又云：「尹公之宅，端人也，其取友必端矣。」伍康云：「不知其人，視其友；不知其妻，視其衣。」袁了凡云：「無正經之人交接，其人必是奸邪；無窮親友往來，其家必勢利。」以上諸家詞語，皆言凡性情相近之人，必能薰蕕同臭，水乳交融，以故吾人觀察其人品操守若何？性情良否？祇須觀其交友，卽能判別無訛矣。

吾人交友，宜分親疏厚薄；而親疏厚薄，則以吾人與對方之關係而定。關係深而密者，自應親而厚；關係淺而淡者，自應疏而薄。若果親疏反常，厚薄倒置，甘旨不供，昵情私愛，酒肉以結豪狂，干戈以傷同類，此種人心地不正已顯而易見矣。

吾人具有社交本能，交友一端，是爲吾人生活上必具之條件。而本書編纂之旨，亦所以示吾人擇交選友之途徑，故交友一節，乃本書主要篇幅之一。況乎近年來世風日下，人心不古，因爲友擔保而害及本身賠累者有之，因交友不愼而株連本身罹法者有之，因交友浪漫而累及本身傾家蕩產者有之。諸如此類，筆不勝書，讀者諸君，愼毋忽此。

上述種種，乃就一般觀察而言，其關於有犯罪之可能而應施以觀察者，今再略述如次：

(1)同居出入之朋友，操多種方言者。

(2)來訪之友人，身份相差太甚者。

(3)來訪之友人，率在夜深人靜之時者。

(4)來訪之友人，常將物件搬運進出者。

(5)平時深居簡出，而時常有友來訪者。

(6)當友朋來訪時，常以物件置於顯明處所，咸於牆壁門窗等處，盡有符號者。

「舉例」：昔年某君從事秘密工作於某地，其目的乃運動某地軍隊響應。當到達某地時，即下榻於某地之大旅社，其房間又爲臨街而最闊綽者，或有建議曰：「君從事運動工作，係屬祕密，何竟大張旗鼓，選定此種處所，豈不大謬乎？」某君曰：「不然，其所以大張旗鼓者，正所以謀祕密也。緣此間軍警督察森嚴，愈祕密愈足以招人懷疑，今以此顯明處所爲吾人活動機關，不僅使彼等不疑，反可以予吾人活動上以諸般便利。現吾人行將開會矣，試請看吾人開會時之標識。」語畢，即手持毛巾一塊，茶壺一把，至該號房間之洋台中，將此毛巾先鋪於洋台之欄杆上，然後再將茶壺置於毛巾之上，佈置畢，即再入室內。或又問曰：「此何爲耶？」曰：「此即吾人開會時之標識，凡參加斯會者，必先視此茶壺與毛巾，如該二物完整不缺，即邁步入室，毋庸懷疑，設僅有毛巾而無茶壺，是當時該處或爲軍警檢查房間，暫時不必與會之表示。設該二物一無所有，即應分頭逃竄，以示該機關被人抄破之警。」迨後某君運動成功，該地軍警尚在朦朧之間，毫無所覺。

(7)住入旅館後，本人並不外出，而頻頻有友人來訪者。

(8)在未開旅館房間之先，即有人來訪；或甫經住入，而有友人絡繹不絕來訪者。

(9)朋友入室後，不高聲談話，或用文字問答者。

(10)友朋在茶樓酒肆中相晤，以特殊手勢，互相招呼者，

(11)同座飲酒品茗，其杯箸茶碗，放置形式，類似擺佈陣式者，或用江湖隱語彼此問

答者。

(12)朋友見面，並無親熱之招呼，分手時亦不打應酬語者。

(13)同座友人衆多，率皆高聲談論不相干瑣事，而同時有一二人密語者。

第六節 服飾之觀察

衣服堪以蔽體，增進美觀，若果衣不蔽體，捉襟而見肘，整冠而絕纓，固為吾人儀容上之污點，即衣飾都麗，冠履嶄新，而人粗野鄙陋，亦未足以彰其華貴。故吾人衣飾與身份，必須相配合，否則，非為人歧視，即為人輕蔑，甚至招致犯罪嫌疑。茲就觀察範圍內對衣飾上應行觀察之點，略述於下：

一、衣飾質料雖佳，而顏色俗陋，其人必係粗俗卑賤而驟得意外貨財者。

二、衣服質料雖不貴重，而式樣新穎，顏色配合入時，其人必定愛美，慕虛榮，尚出風頭。若為質料珍貴，而收入不豐者，則防其有作偽舞弊之處。

三、衣服質料雖舊，而洗濯清潔，補綴整齊，式樣入時，其人必勤儉，有操守，作事則條理井然。

四、衣履破損，任其零亂不加補綴；鬚髮修長，任其滋長，不加薙刮；其人如擅長文學，則有名士風；如為知識淺薄，則為慣惰成性，毫無長進者。

五、衣履古樸，道貌岸然，其人必誠篤，惟不免有迂腐固執之弊。

六、衣服係屬新製，而胸前及兩袖則油污累累，紐扣及衣袋甚至殘缺者，其人必為饕餮之徒，不善節儉，作事無計劃，無條理。

七、衣飾取材，異於尋常，式樣製作，別開生面，顏色尤為特異，其人必為精神異常，思想特別者。

八、衣服忽新忽舊，穿着不定；或衣履式樣大小與其人之身體完全不相稱；或內衣敗絮外着華服，或身着華服，足敗履頭戴破帽者，其人不免有犯罪之嫌。

九、衣衫襤褸，而皮膚紅潤，齒牙潔白，此種人或有化裝之嫌。

十、衣履破舊而佩帶珍貴飾物，其人亦有犯罪之嫌。

第六節　文字之觀察

文字二者，在觀察術上須分別研求，文是文章詞藻也；字是手筆作書也。有文必有字，有字求必有文。從文章詞藻上判別吾人性格，古代學者，已早有先見。如李白文章豪放不羈，韓愈文章莊嚴古樸，岳武穆激昂慷慨，文天祥浩氣凌雲……等類，是皆足以由其文氣中判別其個性如何？至於從其詞藻中預測其人之事業成敗，命途休咎，亦可以得其結果。例如：曹操橫槊賦詞所謂：『明月星稀，烏鵲南飛，繞樹三匝，無枝可棲』者，是乃預言其赤壁失敗之徵。王勃登樓作序所謂：『勝地不常，盛筵難再』者，是乃預言其壽命將終之兆，他如搜神稽怪，談鬼說狐，固為文人寄託之寓言，亦志士懷才不遇之寫意。若從其寓言寄託之詞，揣測其個性趨向，亦足以鑑別無差。昔呂新吾曾將觀察文氣推測心性之法分為十四大類，茲列述於下：

(1)其文爽亮者，其人必光明，而察其粗淺之病。

(2)其文勁直者，其人必剛方，而察其豪悍之病。

(3)其文藻麗者，其人必文采，而察其靡曼之病。

(4)其文莊重者，其人必端嚴，而察其寥落之病。

(5)其文飄逸者，其人必流動，而察其浮薄之病。

(6)其文典雅者，其人必質實，而察其樸鈍之病。

(7)其文雄暢者，其人必揮霍，而察其跳跅之病。
(8)其文溫潤者，其人必和順，而察其巽輭之病。
(9)其文簡潔者，其人必修謹，而察其拘攣之病。
(10)其文深沉者，其人必精細，而察其陰險之病。
(11)其文冲淡者，其人必閑雅，而察其懶散之病。
(12)其文變化者，其人必圓通，而察其機械之病。
(13)其文奇巧者，其人必聰明，而察其怪誕之病。
(14)其文蒼老者，其人必不俗，而察其迂腐之病。

又云「心術平易，制行誠直，言語疏爽，文章明達，其必君子也。心術微曖，制行詭祕，言語吞吐，文章晦澀，其人，亦可知矣」。此亦從文章、言行、心術上觀察吾人之個性扼要語。

至於曾國藩論文字觀察，亦有精闢之語，「杜詩韓文，所以能百世不朽者，彼自有知言養氣工夫，惟其知言，故常有一二見道語，談及時事，亦甚識當世要務，惟其養氣，故無纖薄之假音，」又云：「閱張清恪之子，張懿敬公師載，所輯課子隨筆，皆節鈔古人家訓名言，大約興家之道，不外內外勤儉，兄弟和睦，子弟謙謹等事，敗家則反是，夜接周中堂之子文翁謝余致賻儀之信，則別字甚多，字跡惡劣不堪，大抵門客爲之，主人全未寓目，聞周少君平日眼孔甚高，口好雌黃。

吾國人士對於字跡測性，雖早有見解，無如東鱗西爪，錯雜紛歧，毫無系統，歐洲人士有一六六二年迦來樓巴爾斗（Ganillo Baldo）在意大利發表『由一個人的筆跡決定個人之品格的方法』一文後，信服此項學說者，日漸繁多。迨後乃有筆跡測性家之稱，如比納，克勒比阿査曼，道耐女士等，爲其中之佼佼者，而道耐對於男女性別測驗之準確，竟達百分之八十，且發現男性筆跡之特徵，富於創造性，女性之特徵，富於因襲性。比納從十一個著名刺客筆跡樣本，竟測中百分之七十三，其測性結果如下：

野心……筆跡的字行向上傾斜。

驕傲……筆跡的字行向上傾斜。

羞怯……筆跡的行次寫得清晰。

強力(甲)……字行粗重。

強力(乙)……T（t）字母上橫畫粗重。

忍耐………………T字母上橫畫延長．

謹慎………………O—A和Q字母上口緊閉．

最後一般學者，又將字跡測性之方法，分爲八類：

1. 字行之趨向：

字行上斜——熱心奮勉．

字行平直——平穩．

字行下傾——衰弱．

字行形如鋸齒——堅強不屈．

字行屈曲如波——柔順．

2. 字母之傾斜：

向右非常傾斜——激昂（外向）．

向左傾斜——謹慎（內向）．

直豎不偏——正義感．

3. 字體之大小：

字體粗大——莊嚴或虛榮。
字體細小——精細注意力頗強。
細小而簡樸之字體——有節制。
活潑之字體——富幻想尚浮華。

4. 字跡之斷續：

連接之字跡——有理論合邏輯。
字母分離之字跡——尚推理。
字體愈寫大——天眞。
字體細長連接而少變化——淡泊。
字體細愈寫愈小——謹愼。

5. 字跡作不同之式樣：

多角——堅強。
圓渾——和藹善交際。
弓形——諂諛。

字母中有圓圈如（a b o q）等而不寫成圓圈者——外向。反之——內向。

6.字體之整齊或亂雜：

字跡清楚、明晰——有悟性。

字跡混濁——糊塗。

字跡整齊——用心、謹慎。

字跡忽略——輕忽。

7.筆跡的輕重，本款所言筆跡之輕重，是對寫字者着筆時精神狀態如何而言，與寫字者平時習慣上之輕重無關：

輕細的字跡——是其精神甯靜——心思細巧時。

粗重的字跡——是其物質欲望較濃時。

渾濁的字跡——是其疲乏或顢頇時。

重滯的字跡——是其奮怒暴戾時。

8.運筆的快慢：

迅速——精力充沛。

遲緩——疏忽。

拘謹——有自制能力。

放縱——激烈無自制力。

上述種種，乃西方字跡之觀察，至於東方字跡，係直書行款，行序從右而左，用筆用墨各殊，與西方字跡之觀察，不無有別，茲就吾國古今人士之所見暨著者經驗之所及，略云如下：

1. 筆畫之粗細傾側：

筆畫粗而遒勁者，其人性必剛直，行必嚴肅。

筆畫粗而圓渾者，其人性必渾厚，行必樸實。

筆畫細而柔媚者，其人性必輕浮，行必蕩檢。

筆畫粗而多稜者，其人性必執拗，行多暴戾。

筆畫粗細均勻而端正不苟者，其人性必誠篤，行必拘謹。

筆畫騰躍豪放者，其人性必驕傲，行必狂放。

筆畫向右下方傾斜者，其人性必疏懶，行多忽略。

筆畫向右上方傾斜者，其人量必狹窄，行多嗇吝。

筆畫圓潤而清秀者，其人性必圓通，行必豁達。

筆畫屈曲不直者，其人性必偏僻，行必乖張。

2. 結構之鬆緊高低大小：

結構嚴緊筆畫分明者，其人謹愼誠篤。

結構鬆弛筆畫連結不清者，其人疏懈輕忽。

結構不按筆順，或作省筆，或作狂草，其人富於好奇心，自信心。

字體結構有單純一字者，有兩字拼合者，亦有兩字重疊者，更有三字拼合或三字重疊者，爰分述如下：

拼合之字，如爲左大右小，或左高右低者，其人處世爲人，大都有始無終。

拼合之字，如爲左小右大，或左低右高者，其人言過其實，野心較大。

拼合之字，如爲左右相聚，而無大小高低之分者，其人誠懇謹愼。

重疊之字，上小下大者，其人野心勃勃；上大下小者其人缺乏恆心，三字重疊者亦然，惟上大下大中小者，其人必拘謹；上小下小中大者，其人必狂縱。

3.行款之高低與字體之大小：

格大字小，筆畫規正者，其人拘謹心細。

格小字大，筆畫放縱者，其人狂放驕橫，

全篇字跡中，錯誤塗改，觸目皆是者，其人疏懶心粗，惟尚有羞恥心。

行款愈寫愈高，字體愈寫愈大者，其人野心必大；行款愈寫愈低，字體愈寫愈小者，其人不能作大事，全篇字跡，排列整齊，既無錯落，又無塗改，筆畫絲毫不苟者，其人心底光明，行爲正大，惟恐失之拘泥。

4.墨汁之濃淡：

全篇字跡，墨汁輕淡，其人行動輕率，性情疏懶。

一字之中，墨汁濃淡數變者，其人富於好勝心，缺乏自制力。

全篇字跡，墨汁濃濁膩滯，其人心地渾濁，不能判別事理。

茲再言有關犯罪上字跡之觀察：

觀察犯罪者之字跡，以信札方面爲最關緊要，茲略述及其觀察上應注意之點：

(甲)信封

(A)來往敵國或戰區淪陷區與接近戰區者。

(B)來往罪犯常居留或分子複雜之區域者。

(C)來往匪徒常出沒之地區者。

(D)來往奸黨散佈之區域者。

(E)其他一般可疑者：

(一)無發信地址或地址不明者。

(二)收信人之地址經多層轉交者，或收信人地位不高，營業不大而信件特別多者。

(三)信封紙質為敵國所造者。

(四)信封背面滿貼郵票或郵票之貼法奇特者。

(五)信件過重或過輕者。

(六)信件貼封特別牢固或嚴密者。

(七)信封外面用名內具（肅）或地址姓名特異者。

(八)信封所印之圖案新奇繁複為日常所不易見者。

(九)信封上之稱謂與字跡類似敵國語氣或書法者。
(十)信封之紙質特厚類似夾層者。

(乙)內容

(A)信封是否夾層，如係夾層，應分別檢視。
(B)封內如附有紙條，亦應仔細檢視。
(C)是否托他種職營之術語與數字作代語通訊。
(D)內容文句率無重要敍述，而文字繁瑣結構不通者。
(E)所寫字句與情理不合者。
(F)字少而紙大者。
(G)每一句之字數相同或逐次增多，而意思不相連貫者。
(H)字句中數字特別，多有類似電碼者。
(I)內容簡單無緊要急事，而用航空或掛號投遞者。
(J)內容專寫火車、汽車、輪船、或航機開停時間，重複錯雜者。
(K)收信人之身份，與信中所述之事實相差太遠者。

(L)信紙所餘空白處甚多者。
(M)上下稱呼與信中所論之事實或語氣不甚符合者。

第三章 結論

觀察術之施用，固以被觀察者在初次觀面之時，從其面貌、語言、神態、行動等等；以測定其人品操高低，意志強弱，學識深淺，以及智慧是否聰敏，性情是否暴燥，最爲上乘。祇以人心叵測，口是心非，頃刻之間，難保無觀察失眞之弊，吾人欲救此病，不若於初次觀面之時，作一輪廓上之觀察，然後再與之常時周旋，互爲參證；或與之虛與委蛇，暗中窺察。則其所得結論，必能準確無訛。致於如何參證，如何窺察，則作下列研幾法，分晰法，考驗法三者，次第行之。

（1）人所不能直覺之處，凡人欲作違心之事，或違法行爲，決不能在光天化日之下，大庭廣衆之中，坦然行之，古人云：「暗室虧心」者，卽此意也，昔曾國藩觀察幕僚，常於公畢之時走訪幕僚家宅，察其生活起居，家庭秩序，事前既不令司閽者通報，事後亦不作禮貌上之責求，於威儀無損，於情感有加，一舉數得，誠良法也。

一　研幾法　所謂研幾法者，是根據　總裁所云：「窮理於事物始生之處，研幾於心意初動之時。」之哲學理論也。夫研者，研討也；幾者幾微也。吾人之行爲，若從其顯明處，或大體上加以觀察，自不能得到精微，必從其「人所不能直覺之處」，「人所注意不到之處」，以及「無所用心之時」，「尚未發覺之時」分別觀察，乃無遺漏，此卽所謂研幾法也，今分別縷述於左：

二　分晰法　吾人行爲，可分爲故意與自然二者。故意是僞飾行爲，自然是習慣行爲。故意行爲，祇能欺蔽於一時，終必敗露；自然行爲，則始終如一，決難改易。吾人觀察對方，必分晰其爲故意或自然二者。

三　考驗法　心理測驗，已有專書。惟筆者所謂考驗法者，是乃就某項事實經觀察結果而不能得到正確結論時，加以考驗之謂也，如大公觀人八徵所云：「問之以言，以觀其詳；窮之以辭，以觀其變……醉之以酒，以觀其態，」之意。

第三章　結論

中華民國三十六年二月滬初版

觀察術

每冊定價國幣二元
（外埠酌加運費匯費）

著作者 吳貴長
發行人 劉百閔
發行所 中國文化服務社
上海福州路六七九號
電話：九一七〇五
電報掛號五一二三
印刷所 中國文化服務社印刷廠

占筮類			
1	擲地金聲搜精秘訣	心一堂編	沈氏研易樓藏稀見易占秘鈔本
2	卜易拆字秘傳百日通	心一堂編	
3	易占陽宅六十四卦秘斷	心一堂編	火珠林占陽宅風水秘鈔本
星命類			
4	斗數宣微	【民國】王裁珊	民初最重要斗數著述之一；未刪改本
5	斗數觀測錄	【民國】王裁珊	失傳民初斗數重要著作
6	《地星會源》《斗數綱要》合刊	心一堂編	失傳的第三種飛星斗數
7	《斗數秘鈔》《紫微斗數之捷徑》合刊	心一堂編	珍稀「紫微斗數」舊鈔秘本
8	斗數演例	心一堂編	
9	紫微斗數全書（清初刻原本）	題【宋】陳希夷	斗數全書本來面目；有別於錯誤極多的坊本
10－12	鐵板神數（清刻足本）——附秘鈔密碼表	題【宋】邵雍	無錯漏原版　秘鈔密碼表　首次公開！
13－15	蠢子數纏度	題【宋】邵雍	蠢子數連密碼表　打破數百年秘傳　首次公開！
16－19	皇極數	題【宋】邵雍	清鈔孤本附起例及完整密碼表　研究神數必讀！
20－21	邵夫子先天神數	題【宋】邵雍	附手鈔密碼表　研究神數必讀！
22	八刻分經定數（密碼表）	題【宋】邵雍	皇極數另一版本；附手鈔密碼表
23	新命理探原	【民國】袁樹珊	子平命理必讀教科書！
24－25	袁氏命譜	【民國】袁樹珊	
26	韋氏命學講義	【民國】韋千里	民初二大命理家南袁北韋
27	千里命稿	【民國】韋千里	
28	精選命理約言	【民國】韋千里	北韋之命理經典
29	滴天髓闡微——附李雨田命理初學捷徑	【民國】袁樹珊、李雨田	命理經典未刪改足本
30	段氏白話命學綱要	【民國】段方	民初命理經典最淺白易懂
31	命理用神精華	【民國】王心田	學命理者之寶鏡

32	命學探驪集	【民國】張巢雲	發前人所未發 稀見民初子平命理著作
33	澹園命談	【民國】高澹園	
34	算命一讀通——鴻福齊天	【民國】不空居士、覺先居士合纂	
35	子平玄理	【民國】施惕君	
36	星命風水秘傳百日通	心一堂編	
37	命理大四字金前定	題【晉】鬼谷子王詡	源自元代算命術
38	命理斷語義理源深	心一堂編	稀見清代批命斷語及活套
39－40	文武星案	【明】陸位	失傳四百年《張果星宗》姊妹篇　千多星盤命例　研究命學必備
相術類			
41	新相人學講義	【民國】楊叔和	失傳民初白話文相術書
42	手相學淺說	【民國】黃龍	民初中西結合手相學經典
43	大清相法	心一堂編	重現失傳經典相書
44	相法易知	心一堂編	
45	相法秘傳百日通	心一堂編	
堪輿類			
46	靈城精義箋	【清】沈竹礽	沈氏玄空遺珍 玄空風水必讀
47	地理辨正抉要	【清】沈竹礽	
48	《玄空古義四種通釋》《地理疑義答問》合刊	沈瓞民	
49	《沈氏玄空吹虀室雜存》《玄空捷訣》合刊	【民國】申聽禪	
50	漢鏡齋堪輿小識	【民國】查國珍、沈瓞民	
51	堪輿一覽	【清】孫竹田	失傳已久的無常派玄空經典
52	章仲山挨星秘訣（修定版）	【清】章仲山	章仲山無常派玄空珍秘 門內秘本首次公開 沈竹礽等大師尋覓一生末得之珍本！
53	臨穴指南	【清】章仲山	
54	章仲山宅案附無常派玄空秘要	心一堂編	
55	地理辨正補	【清】朱小鶴	玄空六派蘇州派代表作
56	陽宅覺元氏新書	【清】元祝垚	簡易・有效・神驗之玄空陽宅法
57	地學鐵骨秘　附　吳師青藏命理大易數	【民國】吳師青	釋玄空廣東派地學之秘
58－61	四秘全書十二種（清刻原本）	【清】尹一勺	玄空湘楚派經典本來面目 有別於錯誤極多的坊本

心一堂術數古籍珍本叢刊　第一輯書目

編號	書名	作者	簡介
62	地理辨正補註　附　元空秘旨　天元五歌　玄空精髓　心法秘訣等數種合刊	【民國】胡仲言	貫通易理、巒頭、三元、三合、天星、中醫
63	地理辨正自解	【清】李思白	公開玄空家「分率尺、工部尺、量天尺」之秘
64	許氏地理辨正釋義	【民國】許錦灝	民國易學名家黃元炳力薦
65	地理辨正天玉經內傳要訣圖解	【清】程懷榮	秘訣一語道破，圖文并茂
66	謝氏地理書	【民國】謝復	玄空體用兼備、深入淺出
67	論山水元運易理斷驗、三元氣運說附紫白訣等五種合刊	【宋】吳景鸞等	失傳古本《玄空秘旨》《紫白訣》
68	星卦奧義圖訣	【清】施安仁	三元玄空門內秘笈　清鈔孤本 過去均為必須守秘不能公開秘密 與今天流行飛星法不同
69	三元地學秘傳	【清】何文源	
70	三元玄空挨星四十八局圖說	心一堂編	
71	三元挨星秘訣仙傳	心一堂編	
72	三元地理正傳	心一堂編	
73	三元天心正運	心一堂編	
74	元空紫白陽宅秘旨	心一堂編	
75	玄空挨星秘圖　附　堪輿指迷	心一堂編	
76	姚氏地理辨正圖說　附　地理九星并挨星真訣全圖　秘傳河圖精義等數種合刊	【清】姚文田等	蓮池心法　玄空六法 門內秘鈔本首次公開
77	元空法鑑批點本——附　法鑑口授訣要、秘傳玄空三鑑奧義匯鈔　合刊	【清】曾懷玉等	
78	元空法鑑心法	【清】曾懷玉等	
79	曾懷玉增批蔣徒傳天玉經補註【新修訂版原（彩）色本】	【清】項木林、曾懷玉	
80	地理學新義	【民國】俞仁宇撰	揭開連城派風水之秘
81	地理辨正揭隱（足本）　附連城派秘鈔口訣	【民國】王邈達	
82	趙連城傳地理秘訣附雪庵和尚字字金	【明】趙連城	
83	趙連城秘傳楊公地理真訣	【明】趙連城	
84	地理法門全書	仗溪子、芝罘子	巒頭風水，內容簡核、深入淺出
85	地理方外別傳	【清】熙齋上人	巒頭形勢、「望氣」「鑑神」
86	地理輯要	【清】余鵬	集地理經典之精要
87	地理秘珍	【清】錫九氏	巒頭、三合天星，圖文並茂
88	《羅經舉要》附《附三合天機秘訣》	【清】賈長吉	清鈔孤本羅經、三合訣法圖解
89–90	嚴陵張九儀增釋地理琢玉斧巒	【清】張九儀	清初三合風水名家張九儀經典清刻原本！